零售时代4.0

数字时代的十大指导原则

［美］菲利普·科特勒 ［意］朱塞佩·斯蒂利亚诺 ◎ 著

孙雨濛 ◎ 译

海南出版社

·海口·

Retail 4.0：10 regole per l'Era digitale
by Philip Kotler and Giuseppe Stigliano
© 2018 Mondadori Electa S.p.A.,Milano
© 2020 Mondadori Libri S.p.A.
The simplified Chinese translation rights arranged through Rightol Media
本书中文简体版权经由锐拓传媒取得
Email:copyright@rightol.com

版权合同登记号：图字：30-2021-090 号

图书在版编目（CIP）数据

　　零售时代 4.0：数字时代的十大指导原则 /（美）菲
利普·科特勒（Philip Kotler），（意）朱塞佩·斯蒂利
亚诺（Giuseppe Stigliano）著；孙雨濛译 . -- 海口：
海南出版社，2021.11
　　ISBN 978-7-5730-0258-7

　　Ⅰ . ①零… Ⅱ . ①菲… ②朱… ③孙… Ⅲ . ①零售商
业 - 商业模式 - 研究 Ⅳ . ① F713.32

　　中国版本图书馆 CIP 数据核字 (2021) 第 220632 号

零售时代 4.0：数字时代的十大指导原则
LINGSHOU SHIDAI 4.0: SHUZI SHIDAI DE SHI DA ZHIDAO YUANZE

作　　者：[美] 菲利普·科特勒　[意] 朱塞佩·斯蒂利亚诺
译　　者：孙雨濛
监　　制：冉子健
责任编辑：张　雪
选题策划：冉子健
执行编辑：于同同
责任印制：杨　程
印刷装订：北京天宇万达印刷有限公司
读者服务：唐雪飞
出版发行：海南出版社
总社地址：海口市金盘开发区建设三横路 2 号　　邮编：570216
北京地址：北京市朝阳区黄厂路 3 号院 7 号楼 102 室
电　　话：0898-66812392　010-87336670
电子邮箱：hnbook@263.net
经　　销：全国新华书店经销
版　　次：2021 年 11 月第 1 版
印　　次：2021 年 11 月第 1 次印刷
开　　本：880mm×1230mm　　1/32
印　　张：8.5
字　　数：161 千
书　　号：ISBN 978-7-5730-0258-7
定　　价：59.00 元

推荐序
每个个体都将是一个定制化服务的独立市场

感谢海南出版社的冉子健先生委托我为《零售时代 4.0：数字时代的十大指导原则》一书写推荐序，这是我个人的荣幸。

因为该书的第一作者菲利普·科特勒先生是现代营销领域的集大成者，被誉为"现代营销学之父"，我从事营销策划咨询和专业教学工作近 30 年，受他的影响至深。他写的《营销管理》（*Marketing Management: Application, Planning, Implementation and Control*，1967 第一版，与凯文·凯勒合著）一书已再版十四次，是世界范围内使用最广泛的营销学教科书。该书已成为现代营销学的奠基之作，被选为"全球最佳 50 本商业书籍"之一。许多学者把该书誉为市场营销学的"圣经"，同时我对他写的另一本书《水平营销》也推崇备至。

正好用这篇小序表达我对菲利普·科特勒先生的敬意，顺便也借题发挥一下我对零售业数智化转型的看法，算是抛砖引玉，拓展一下大家的脑洞。

2012 年我写了《一部手机打天下》，预言传统零售业必将走向衰落，每一部智能手机都将成为机主个人消费的"专买店"。

能上网的几十亿部手机本身就是做生意的黄金地段，不把自己的业务搬到手机上，你就没有未来。

在智能化系统 +3D 打印等机器人应用模式中，"专卖店"的传统零售思维模式会被颠覆，未来人类从表象上看似乎会重新回到农耕文明"自给自足"的家庭作坊式的生产和生活方式中，但这种高度智能化的"自给自足"的方式是低成本的、能充分满足自己个性化需求的"码农经济"，而不是那种男耕女织、生产效率极低的"小农经济"，也不再是以机械化、标准化、规模化大生产为基础的"农民工经济"。

在终极意义上，数智科技会把"自主权"还给每一个人，每个人都能随心所欲地按自己的个性化需求来设计、生产、使用自己想要的产品和服务，供应商只是提供了一种"智慧傻瓜化"的服务系统和相应的原材料配送服务。每个人既是生产者，也是消费者和投资者，数智科技创造了这种"跨角色"的可能。甚至财产的所有权也不再是第一重要的，财产的使用权能够通过数智服务平台实现适时化精准匹配的"共享经济"，从而最大限度地降低全社会的运行成本和生活成本：你不必高成本拥有汽车、房屋和昂贵的生活设施……但你可以低成本地、方便地使用它们。

并不是每个人都需要买一辆车、买一套房……空置的占有和使用率极低才是广义的"社会资源库存浪费"。如果能用市场化和数智化手段来盘活闲置的存量，抑制多余的增量，人人都可以低成本共享别人的财产使用权，这是不是缩小了"贫富悬殊"，以另一种方式在实现马克思主张的"计划经济和共产主义"社会？

再回到本书关于零售业的主题：

我完全同意本书作者对零售业发展四种形态的划分。我更喜欢这本书中零售业二十多位企业家在巨变洗礼中所表达的切身感受，当然还有十一家新零售初创企业的经典案例。他们不仅是理论的创想者，更是实践的先行者，对于我们当然是弥足珍贵的启示者。

我们还可以在此基础上把人类的商业提炼为以下版本：

从过去短缺经济的"生产为王"、生产过剩的"渠道为王"，到今天在线电商的"平台为王"，再到未来量身定制的"大数据为王"和自给自足的"自造为王"，我们可以看到商业的权力是如何在科技进步的历程中出现并还权于消费者自己的。市场概念也从大众、分众、小众……一直到每个个体就是一个独立自足的市场。

农耕文明时代属于供不应求的"短缺经济"，零售渠道并不重要，重要的是如何生产出产品，而生产多少都会被抢购一空，这是生产为王的时代。

工业文明时代，由于机械化生产能力太强，而供需双方的主要矛盾是"信息不对称"，于是专业分工中的流通零售渠道充当了决定性的角色。作为产业链中的"最后一公里"，销售商能把标准化产品通过黄金地段推送给广大消费者，成为对消费者最直接的把控者。他们分走了大部分利润（例如传统书店会分走一本书价格的60%到70%），这是渠道为王的时代。

这个时代的1.0版本是自助销售网点，体现出销售为主导的专业化和线下网点覆盖的规模。

2.0版本是大型购物中心的出现，体现出购物与休闲娱乐叠加的一站式服务，这是线下中心化零售巨头的巅峰。按美国人的说法，一个城镇的基石就是一座教堂和一个大型购物中心，从灵魂到肉体的所有需求皆可就地满足。消费真正成为一种时尚与社交文化，逛购物中心就是一种现代生活方式，如同过节和旅游。

信息文明时代，互联网在线购物 3.0 版本的出现改变了传统零售业的形态，消费者不需要去一个固定的线下商店购物。任何人在任何时间，不受任何空间的限制就可以在电商平台上选购自己所需的产品。线下零售店的房租、店员人工成本，消费者购物的时间成本……被节省了。

但是，在这个版本中，依然是以生产为导向，把已经生产好的产品通过大数据分析比较精准地向消费者"推送"适合他的标准化产品，并没有真正实现去中心化和个性化服务，其结果就是把原来线下的沃尔玛、家乐福、国美、苏宁等"渠道巨头为王"，变成了亚马逊、阿里巴巴、京东、拼多多的"电商平台为王"。整个零售业的掌控者既不是生产厂家，也不是消费者，而是从国美黄光裕、苏宁张近东这些人换成了阿里巴巴的马云、京东的刘强东……

这些线上电商平台的掌控者取代了线下购物中心的传统掌控者，成了零售业的新寡头而已。去中心化、去中介化、去库存化的新零售业态并没有完全实现。

那么本书中试图以十项指导原则描绘的新零售 4.0 版本再转型的本质是什么呢？

正如本书前言所言：

"在本书中，根据'零售'（retail）的字面含义，我们将'retailer'定义为'零售商'，即有能力与潜在的最终消费者保持直接或间接商业关系的人员。至于这种关系以及相关交易是在线上还是在线下进行的，我们并不关心。我们的初衷是，无论企业以何种方式与最终客户进行交互，我们提炼出的数字时代十大指导原则都同样具有重要意义。"

的确，与最终消费者保持最直接的互动和协同关系，把"自主"选择权和产品创造权还给消费者，这才是整个商业的终极发展目标。没有人会比消费者本人更了解自己的需求。未来的商业只有两种方式可以成为主流：

一是有能力根据大数据为每个消费者量身定制符合他们个人需求的产品和服务，从如何生产转向为谁生产。尤其要通过个性化定制实现预售，先有订单，再按单生产，生产好之后不需要中介，也没有库存，直接通过物流配送给消费者。这会彻底满足顾客的个性化需求，也会解决生产厂家的资金压力与库存问题。同时，只要能掌握每个个体的需求大数据，就可以通过"粉丝会员"的量身订制把过去的"一次性偶然购买"，变成培养高忠诚度的、可持续的"终身订制"服务。

这种模式不再是精准推送既有产品的营销，而是由消费者发起的"为我个人"生产的唯一版本的、绝无雷同的新营销。这既不是B2B，也不是B2C，而是C2B或者叫C2F（顾客个人向工厂发起定制化购买服务）。

要实现这种服务，首先必须能够全面采集和善于运用每个个体的需求大数据。谁能做到这一点，谁就能率先进入以"个体大数据为王"的商业新时代。其次必须顺应"个体定制化"的需求，重构智慧化的柔性生产流程，使得整个供应链和生产系统能够支撑单件商品的快速生产，并且还能赢利（最大的成本节省是消灭了库存和传统中介）。这种消费者按需定制的模式可以称为"零售业"的 4.0 版本。

二是打造一个全智能化的支撑系统，完全让消费者按自己的意愿与喜好实现"我的产品我自己创造"。这就是我总结的"用 IT 数智科技创造 I TIME 的自时代个性生活"，核心就是"以自我为中心，以自由为追求，以自主为选择，以自造为方向"。这种零售商与生产者转化为辅助服务角色，由消费者自己全程、全权主导的需求自足方式可以称为未来商业的 5.0 版本。

最后，我们要通过本书的观点来回答一个大家关心的问题：

在数智化为王的时代，线上与线下的零售之间到底会产生什么样的关系？

第一，线上零售与线下实体零售会走向一种互相协调融合的（O2O 在线与离线）状态。

在这种融合状态中，传统营销的 4P（产品、价格、促销、渠道）从分离状态转为一体化过程：想到就能搜到，搜到就能体验到，体验到就能马上支付购买，买到就能送到，各种服务也能跟到。一切都可以同步完成。

更重要的是，线上的信息流通过人工智能 + 大数据挖掘的方式可以实现供需多方的实时、实地的精准匹配，从而可以高效地调动线下人员、物资和资金更合理地流动，最大限度降低整个线下满足消费者需求的传统成本。把过去由货物流动主导"人员流动、信息流动、资金流动"的方式变成了信息流为王的新模式。谁在线上掌握供需之间信息的精准匹配，谁就能掌控整个产业链。这就是马云们靠掌控线上平台赚大钱的根本原因。所以是线上主导调度线下的资源，主要的交易行为（不能再简单地理解为销售行为）一定是在线上进行的。

第二，线下零售实体的传统营销行为必须进行功能性调整转型。其主要支撑作用体现为：线下用户的数据采集、发展会员粉丝、向线上导流、产品的展示与体验、产品的就近配送、面对面的社交沟通、市场调研、承担各种必不可少的面对面服务等。

第三，线下零售有着不可比拟的优势，具体而言：

一是需要面对面亲临现场的服务（比如才艺培训）和社会性交往［比如购物中的情感沟通（亲友、情侣）］，是线上无法替代的。线下购物（逛商场）本身享受到的尊贵服务与愉悦是独特的。

二是房子、汽车、珠宝、字画等贵重商品还需要线下亲身体验才能产生购买决定，不可能完全靠线上体验。

三是那些线下临时产生的应急性需求和现场冲动消费也不可能完全依靠线上。比如传统加油站利用场景优势推出线下小便利店，就成功找到了自己跨界进入"零售业"的机会。

四是偶像崇拜和奢侈品名牌体验决定了即使线上你可以花十元钱听王菲的歌，但花上千元去现场听王菲本人的演唱会也是不一样的感受。

第四，线下零售业最终会大面积消失的业务一定是完全不产生物流的，被数字化的比特产品，比如图书、报纸、杂志、音乐、游戏、动漫、影视作品、保险、银行、虚拟艺术品、数字礼品……这些业务不需要线下物流，它们从生产、推广、购买支付、消费到服务，全过程都可以在线上通过数智化方式实现。

以上观点可以用一个例子总结：

即使在家用汽车早已普及的今天，马车依然在很多景点存在。只不过马车不再是主要的交通工具，而是作为一种传统旅游的文化体验项目而存在。

当然，作为一个职业马车夫，如果你非要拒绝转型成为出租车司机，不顺应时代潮流的变化，那么无论你多么优秀都会失业的。

当年英国就是为了保护传统马车夫的利益，出台了愚蠢的"红旗法案"，规定每台汽车必须有三个驾驶人，一人掌控方向盘，一人加炭，一人在汽车前面摇红旗开道，而且要求汽车的行驶速度不可以超过马车。这不仅使英国的汽车工业落后于德国与日本，而且最终也没能保住英国马车夫们的工作。

是的，优势永远干不过趋势。

传统的优势必须与未来的趋势融合，传统才会重生！

我注意到本书在提出第十条指导原则"勇敢化"时，引用了里德·霍夫曼（Reid Hoffman）的话：

"矛盾的是，在一个不断变化的世界里，安全行事是最大的风险之一。"

我个人以为，面对势不可挡的变化，"勇敢化"应该是第一原则。

王立新

北京邮电大学 MBA 课程教授

《一部手机打天下》《钱从哪里来？立新说·营销的本质与未来》作者

2021 年 10 月 20 日于枫丹丽舍

目 录
Contents

前 言　001

第一章　数字时代　016

1　大决战?　// 018

2　数字时代客户旅程的发展　// 023

3　数据是"新型石油"// 031

第二章　零售 4.0 时代的十大指导原则　038

1　无形化 // 040

2　无缝化 // 050

3　目的地化 // 066

4　忠诚化 // 078

5　个性化 // 088

6　策展化 // 096

7　人性化 // 106

8　无边界化 // 114

9　指数化 // 122

10　勇敢化 // 134

第三章　市场观点　　144

亚马逊（AMAZON）
马里安杰利·马尔塞利亚（Mariangeli Marseglia）
意大利和西班牙地区经理 // 146

AUTOGRILL
吉安马里奥·通达托（Gianmario Tondato）
CEO // 150

BOGGI
保罗·塞尔瓦（Paolo Selva）
欧洲地区 CEO // 154

普利司通（BRIDGESTONE）
斯蒂法诺·帕里西（Stefano Parisi）
南欧地区总裁 // 157

布克兄弟（BROOKS BROTHERS）
卢卡·加斯塔迪（Luca Gastaldi）
欧洲、中东和非洲地区 CEO // 161

布鲁诺·库奇利（BRUNELLO CUCINELLI）
弗朗切斯科·波蒂格列罗（Francesco Bottigliero）
iCEO // 165

金巴利集团（CAMPARI GROUP）
鲍勃·昆泽－康塞维茨（Bob Kunze-Concewitz）
CEO // 169

家乐福（CARREFOUR）
格雷戈尔·考夫曼（Grégoire Kaufman）
自有品牌负责人 // 173

可奇奈儿（COCCINELLE）
安德里亚·巴尔多（Andrea Baldo）
CEO // 177

巴黎迪士尼乐园（DISNEYLAND PARIS）
朱丽叶·布龙（Juliette Bron）
数字业务副总裁 // 181

吃在意大利
奥斯卡·法里内利（Oscar Farinelli）
设计者和创始人 // 185

汉高（HENKEL）
拉明·克雷斯（Rahmyn Kress）
首席数字官 // 189

汇丰银行（HSBC）
查理·纳恩（Charlie Nunn）
零售银行与财富管理 CEO // 193

克洛·米兰（KIKO MILANO）
克里斯蒂娜·斯科基亚（Cristina Scocchia）
CEO // 197

拉马丁纳（LA MARTINA）
恩里科·罗塞利（Enrico Roselli）
欧洲地区 CEO // 201

李维斯（LEVI STRAUSS & CO.）
露西娅·马尔库佐（Lucia Marcuzzo）
中欧地区副总裁 // 205

玛莎百货（MARKS & SPENCER）
西蒙·弗里贝里·安德森（Simon Friberg Andersen）
国际数字业务总监 // 210

魔力斯奇那（MOLESKINE）
阿里戈·贝尔尼（Arrigo Berni）
总裁 // 214

蒙达多利零售（MONDADORI RETAIL）
皮耶路易吉·伯纳斯科尼（Pierluigi Bernasconi）
CEO // 218

纳图兹（NATUZZI）
纳扎里奥·波齐（Nazzario Pozzi）
纳图兹分部总监 // 222

萨菲洛集团（SAFILO GROUP）
安杰洛·特罗基亚（Angelo Trocchia）
CEO // 226

SEA 米兰机场（SEA AEROPORTI DI MILANO）
彼得罗·莫迪亚诺（Pietro Modiano）
总裁 // 230

资生堂集团（SHISEIDO GROUP）
阿尔贝托·诺亚（Alberto Noè）
欧洲、中东和非洲地区商务副总监 // 234

总论　238
推动零售业创新的 11 家意大利初创公司　248
致谢　256
推荐图书　258

前 言

数字革命改变了过去几十年来人们对零售业的许多设想。近年来，全球许多商店都惨遭停业，有些人甚至将其形容为"灾难"。乍看之下，传统零售业似乎正处于"危机"之中，而随着电子商务的日益成功，人们越来越倾向于把数字革命看作其衰落的主要原因。

与此同时，像亚马逊和阿里巴巴这样的电子商务巨头却选择开设实体店，它们既在尝试开发新形式（例如 Amazon Go，本书将在"无形化原则"一章中进行深入讨论），也在收购现有的连锁店。谷歌公司也有意在不久的将来开设线下旗舰店，展出一系列最先进的产品，包括 Pixel 手机、Daydream VR 耳机、Nest 智能恒温器和 Home 虚拟助手。

这样一来，问题就变得更复杂了：排除掉实体店管理效率低下的因素，为什么这些所谓纯数字化企业会放弃这种"纯粹的数字化"，选择进入被认为处于"危机"中的市场呢？

答案就是，我们过于肤浅地认定实体零售业会不可避免地走向衰落。实际上，即便是最乐观的估计，目前的数字零售交易也不会超过零售总交易的 20%。

毫无疑问，近年来，在线购物的发展令人瞩目。但如果我们就此认为这会引发"灾难"，并断言实体零售业即将消亡，那就过于轻率了。

相反，我们需要根据越来越多的人使用数字工具及其所带来的变化，去反思零售业以及其他行业的传统模式。传统意义上，消费者的购买路径表现为线性结构。交互的刺激会引发需求的产生或欲望的表达，人们首先会获得一种认知（意识或知识），然后会去了解和考量，最后产生购买行为，并有望回购或给予良好评价。随着数字"触点"（touchpoint）的激增，消费者的购买路径显然也发生了改变，它不再像是一个阶段性序列，而是越来越像是由多个瞬间（阶段）组成的网络，这些瞬间（阶段）会根据商品或服务的类型以及消费者的个人情况，表现出不同程度的决定性作用。**因此，重新审视零售业的运营模式必须要考虑到这一变化，并重新定义实体店在更复杂的消费者购买路径中所发挥的作用，如有必要，甚至可以就此质疑实体店存在的意义。**

在过去的 10 年中，全球约有 30 亿人使用手机，智能手机逐渐融入人们的生活中。与上一代手机（被称为功能性手机）相比，智能手机的独特之处就在于它与互联网的连接。全球有相当数量的人通过手机注册了至少一个社交网络账号。手机与互联网的结合展现出了一幅惊人的画面：世界上几乎有一半的人随时保持网络在线，并能与其他人或企业进行实时互动。仅这两个因素就足以改写世界的运行规则。

就在几年前，人们与企业的联络方式还仅限于信件往来和电话客户服务。然而今天，这种联络是实时发生的，并且正处于一种其他用户、竞争对手、媒体、机构等实际上都是旁观者的大背景之下，当然，它们也可以参与其中。市场变得更加横向、包容和社会化，信息以超乎寻常的速度进行传播，那些被定义为市场营销和传播活动"目标受众"的人如今成了共同创造者。不仅如此，**如果购买者能够自由地表达自己的观点，那么同样的产品和服务在很多情况下也都是共同设计、共同创造、共同生产的。**

这些变化为企业和品牌赋予了新的意义：始终提供满足消费者期望的产品变得至关重要；对价值链中的所有参与者都要表现出公平性；要与环境和人类和谐相处；在所有消费者的"触点"上都要保持重要的存在感，并以有吸引力的方式进行交流；学会对话（也要学会倾听）；在不侵犯客户隐私的情况下与客户形成个性化关系；重视忠诚的客户；鼓励并奖励拥护者——那些向他人宣传和推荐其品牌及产品的人。这种模式和前数字时代标志性的"卖方独白"模式似乎有很大的差异，因此，现在需要一种将新的技能和工具与传统的技能和工具结合起来的方法。

营销人员需要充分了解所谓数字化转型带来的影响，从而掌握其变化，并深刻认识到其对企业的影响和为企业带来的发展机会。数字化转型是指由数字技术的出现和传播触发的，企业为适应需求和市场变化而开发的，能将数字与模拟结合起来的流程、工具、业务模型、创新产品和服务过程。从组织与商业的角度来看，其目的是提高绩效。

在这样的观点之下，数字技术就如同电力一样，是一个无形的推动者。通过它生产出来的产品、服务和体验能在某些情况下与既有的产品、服务和体验相融合，也能在其他情况下直接将其替代。如果认可这种观点，那么企业和品牌将更容易以一种正确

数字技术
如同电力一样
是一个无形的"推动者"
利用数字技术
生产出来的产品、服务
和体验能在某些情况下
与既有的产品、服务
和体验相融合
也能在其他情况下
直接将其替代

而有益的方式理解其正在经历的转型。这样就能避免只把数字技术看作是创新工具，以及将手段与目的相混淆等常见风险。

消费者承担着对话者的角色，能够影响企业的运营，促使企业去检验客户旅程的各个"触点"的运作。零售业代表了这一动态过程中至关重要的一面：在这个阶段，企业做出的所有努力都能达到一定的效果，并且极有可能满足消费者的需求。关键是，这种情况在实体店已经不存在了。的确，越来越多的时候，尤其是某些类别的产品和服务，其交易是在数字平台上进行的，因此实体店的功能发生了改变。在某些情况下，实体店更像是一个展示厅，用来传递体验以及展示、美化商品并进行促销活动。

因此，本书旨在为专业人士、顾问、企业家和学生提供一个解释性的框架，以帮助大家理解和有效地利用数字化转型对零售业的影响。我们正面临着非常明显和重要的非连续性变化，我们想将这种零售模式的转变定义为"零售 4.0 时代"，我们认为它推动了零售时代的演变，同时在某些方面超越了前三个有明确定义的阶段。

零售 1.0 时代

零售 1.0 时代与自助销售网点的诞生有关。传统商店的店主或经理主要依靠人工来为顾客提供专业服务，而与之相反，自助销售网点的出现代表着一项重要的创新。我们通常将自助服务的引进归功于"小猪商店"，它是 1916 年在田纳西州的孟菲斯市开设的第一家创新性商店。但实际上，正确的思路应该是通过分析百货商店的发展模式来追溯零售模式演变的起源，而百货商店的发展模式也有其成功之道——19 世纪遍布整个欧洲的商业画廊。

　　世界上第一批百货商店出现于伦敦（1849 年的哈洛德百货和 1875 年的自由百货）、巴黎（1852 年的乐蓬马歇百货）、纽约（1857 年的梅西百货、1861 年的布鲁明戴尔百货和 1879 年的伍尔沃思百货）和莫斯科（1893 年的古姆国立百货）。在意大利，文艺复兴百货于 1921 年开业，取代了路易吉·博科尼（Luigi Bocconi）和费迪南多·博科尼（Ferdinando Bocconi）两兄弟于 1877 年在米兰开设的一家名为"意大利之城"（Aux Villes d'Italie）的商店。自助服务意味着明确的价格、陈列有特殊包装的商品的货架、统一穿制服的员工，以及——顾名思义——购物过程的去中介化，也就是买卖双方社会关系的终止。另外，自助服务还意味着包装和品牌的影响力取代了销售人员的口头推销能力，并成为研究如何引导购买者偏好的关键学科。

　　在这一阶段，还有一些其他值得我们关注的重要创新：举办大型展销会，展示商品的丰富性并以此来吸引顾客；以销售最大化原则实现规模经济；规模经济带来的更具竞争力的定价策略；顾客可以在店内随意浏览而无任何明示或暗示的购买义务；如果顾客对所购商品不满，可以退换货。

零售 2.0 时代

　　零售 2.0 时代是从引入"一切都在同一屋檐下"这一概念，或者说是从第一个购物中心的诞生开始的。这一模式诞生于美国，在 20 世纪上半叶进行了初级阶段的尝试，但直到 50 年代才得到蓬勃发展，这要归功于家用冷藏设备的发展和私人机动化的普及。家用冷藏设备能够储存大量食品，因此人们会定期一次性大量采购。同时，私人机动设备能够满足人们对大量商品的运输需求。1950 年，北门购物中心在西雅图开业，紧接着的是于 1954 年在底特律附近开业的北地购物中心。通常情况下，我们认为这两家购物中心的开业标志着这种创新模式的诞生，它们实现了传统市场模式与大型购物休闲中心模式的结合。

到了 20 世纪 60 年代，购物中心遍布全球，并开展了一系列娱乐活动，给人们提供除了餐饮之外的新需求，吸引人们经常光顾并延长了人们的停留时间。

这一阶段值得我们关注的主要特征包括：购物中心通常由一个或多个走廊组成，走廊两侧既有大型超市，又有酒吧、餐馆等各种类型的店铺；带有引导性的浏览路线配有固定的出入口、收银台、购物手推车等；顾客的购买行为更加个性化，卖方尝试为其提供尽可能多的活动选择；在更高级的购物中心里，从保龄球馆到游戏厅再到电影院等娱乐设施应有尽有。

这些地方成为附近社区的活动中心。高度集中的一站式活动形式已经将其定义为购物和休闲中心，在这里，人们既可以购买商品和服务，也可以与家人或朋友共度时光。在意大利，最早出现的是维罗纳自由镇附近的格兰德梅拉购物中心（La Grande Mela）和佛罗伦萨附近的艾吉利购物中心（I Gigli）。

零售 3.0 时代

零售 3.0 时代的特点是互联网的全球化传播以及电子商务的

出现，这种现象自 20 世纪 90 年代中期开始逐渐显现。1994 年，杰夫·贝索斯（Jeff Bezos）创立了亚马逊，并旨在将其发展成为世界上最大的书店，该公司的命名也正是受到亚马孙河——世界上最长河流的启发。从一开始，贝索斯就进行了两项创新，展现出门户网站的发展潜力和成功机遇以及与竞争性实体店（传统书店）之间的差异。

亚马逊为所有用户提供了发表个人评论的可能性，使其了解其他读者或消费者的建议，从而影响购买决策（在今天看来，向陌生人寻求建议是很平常的事，但在当时却不是）。另外，当时的亚马逊还开始开发如今已经被普遍应用的推荐引擎，该引擎使用复杂的技术为用户呈现他们可能会喜欢的一系列产品。实际上，这种筛选基于一种复杂算法，该算法会考量用户偏好等众多关键因素，并将这些因素与数百万其他用户的关键因素进行比较，以识别出最常出现的关联词。

亚马逊不是第一个电子商务网站，但无疑是这个时代初期最重要的一个。随后，其他全球性经营者也迅速加入这个行列，包括美国的 eBay（1995 年）和美捷步（Zappos，1999 年），印度的印度市场（IndiaMART，1996 年），韩国的电子商务广场（ECPlaza，1996 年），中国的阿里巴巴（1999 年）和瑞典的交易网（Tradera，1999 年）。在意大利，第一单网上交易是 1998 年 6 月 3 日有人使用同业银行业务认证信用卡在 www.ibs.it（意大利互联网书店的网站）上完成的。当时在该网站上线仅 35 分钟后，一位搬到加利福尼亚的意大利用户购买了安德烈亚·卡米莱里（Andrea Camilleri）的作品《电话安装奇事》（*La concessione del telefono*）。

零售 4.0 时代

在本书中我们说，零售 4.0 时代表明，近年来数字技术的发展明显加快。在接下来的内容里，我们将向读者提出十条准则，也就是十条指导原则，来阐述所有零售行业从业者需要关注的工作重点。

但是，我们必须首先对"零售"这一概念有清楚的理解。在本书中，根据"零售"（retail）的字面含义，**我们将"retailer"定义为"零售商"，即有能力与潜在的最终消费者保持直接或间接商业关系的人员。**至于这种关系以及相关交易是在线上还是在线下进行的，我们并不关心。我们的初衷是，无论企业以何种方式与最终客户进行交互，我们提炼出的数字时代十大指导原则都同样具有重要意义。

有人可能会认为本书是专门写给 B2C[①] 的，但事实并非如此。众所周知，数字化转型的两个主要影响是民主化（由于成本的下降和技术的简化，大多数人都可以获得甚至生产内容、信息、商品和服务）和去中介化（绕过分销链中的传统中介，直接向潜在购买者提供内容和产品）。此外，还提供了通过社交媒体与消费者进行对话和在线交易的可能性。

这些特点让那些认为 B2B[②] 和 B2C 之间仍然存在差别的观念

---

① 企业对消费者，即企业与个人之间通过互联网开展交易活动的商业模式。——编者注
② 企业对企业，即企业与企业之间通过互联网开展交易活动的商业模式。——编者注

显得越发落后了，因为数字化转型让许多传统意义上的 B2B 经营者也能与最终消费者产生联系。在某些情况下，鉴于某些产品或服务的性质，它们仍需要第三方中介（例如实体店或大型的多品牌电商网站），这种联系会"仅仅"发生在营销和交互层面。但在其他情况下，这种联系会增加消费者购买的可能性，从而减轻商业过程对中介的依赖。因此，我们应该通过更广泛的 H2H（人对人）的概念来淡化这种区别。

H2H 的理念前提是，在任何商业关系中，交易双方实际上都是由人来完成的。确切地说，对于同一个人而言，他在不同情况下有不同的身份。他既可以是商品和服务的买方或卖方（在私人生活中），也可能是技术和数字创新的接受者。现如今，他已经习惯于使用最新一代的数字界面和网络购物，并且会使用智能手机进行预订和管理，以及观看流媒体内容等。

但我们真的可以相信这些人能降低期望值，或者当他站在对方的立场上进行 B2B 交易时会持有不同的心态吗？我们不否认 B2B 交易环境中的客户体验会存在一定程度的滞后，而且有可能是客观上的滞后，因为购买通常发生在不太舒服的环境中。但我们认为各方的期望在 B2C 和 B2B 这两个"名不副实"的分类中将越来越趋于平衡。我们还认为，企业适应零售 4.0 时代的理想方法是：充分利用与业务合作伙伴建立对话的能力，从而将数据处理与流程重组结合起来。这样，就有可能定义 C2B（消费者对企业）的概念，而不用强调"消费者"是谁以及"企业"的性质如何，消费者会具体到某个人，而企业也是由人来管理的，他们对客户体验的期望也已经不可逆转地被重新定义了。

我们需要通过
更广泛的 H2H
（Human to Human
人对人）的概念来淡化
B2B（企业对企业）
和 B2C（企业对消费者）
之间的区别

这些变化是已经发生了还是即将发生，取决于其所在的市场领域。现在的问题并不在于它们是否会发生，而在于它们何时会发生。近年来其经历的指数增长已经表明这些变化将在几年之内发生。**然而在我们看来，尽管商业模式发生了显著变化，但如果就此认为这必然会导致既有技能和既定业务流程的重置却是错误的。**未来很可能实现线上和线下体验的完美结合，这与我们之前提到的客户旅程的发展是一致的，我们将在书中详细介绍。

如果需求发生变化，那么供给也会随之发生变化。因此，负责供给的企业及其管理人员必须通过某些手段有意识地决定如何将新模式融入先前的模式中。所以，一方面，他们必须思考如何利用以前的经验；而另一方面则要重新规划企业的未来，**要意识到数字化本身并不是目的，而是一种手段，要保持竞争力，就不能忽视它。**

正是这种观念指引我们制定了这十条指导原则。这就是为什么我们认为读者将本书的指导原则与一些知名国际企业（如亚马逊、Autogrill、Boggi、普利司通、布克兄弟、布鲁诺·库奇利、金巴利集团、家乐福、可奇奈儿、巴黎迪士尼、吃在意大利、汉高、汇丰银行、KIKO、拉马丁纳、李维斯、玛莎百货、魔力斯奇那、蒙达多利零售、纳图兹、萨菲洛集团、SEA 米兰机场、资生堂集团）的首席执行官、总经理和首席数字官的观点进行比较来验证其可靠性是很有意义的。

特别感谢 RnDlab 的联合创始人兼首席执行官戴维·卡萨利尼（David Casalini）开创了"美好未来！"（CheFuturo！）和"意大利创业！"（StartupItalia！）这样非常成功的项目，他在挖掘最有潜力的意大利初创公司方面做出了重大贡献。这些初创公司也为零售行业提供了非常有价值的商业解决方案，我们在本书的附录中也对其进行了展示。

最后，这些结论（我们试图概述零售业一些大趋势的发展轨迹）也得益于微软公司与妮娜·隆德（Nina Lund）以及欧洲、中东和非洲消费品和零售行业领导者之间进行的富有成效且鼓舞人心的比较。感谢妮娜·隆德和意大利微软团队，使我们有机会将我们的想法与那些受访的高层管理者的看法进行结合，他们每天都在通过创新和技术发展为工作人员及组织实现目标而提供支持。

归根结底，本书的完成就是基于这些重要贡献，目的是为零售业从业者提供一系列具有强大说服力的观点，我们可以总结为以下几个问题：

> 如何将传统营销与数字营销相结合来定义数字时代的零售策略？

> 如何分析客户旅程以了解各个触点的作用，增强优势并找出需要重点改进的不足之处？

> 在选择最有效的技术来实施策略时，应该以什么标准来指导决策？

> 如何处理数据以创造个性化的客户体验？

> 如何赢得客户的青睐并让他们保持忠诚，甚至激发其积极性？

> 如何改变企业的组织架构以应对那些规模虽小却来势汹汹的新竞争者进入本行业？

> 在未来五年里，企业还将面临哪些挑战？

我们无法计算世界所发生的变化，唯一的常数就是变化本身。因此，我们认为在此提出的解释性框架也必须是灵活的，以便随着时间的推移继续保持其有效性。为了实现这一想法，我们创建了 www.retailfourpointzero.com 网站，旨在寻求与所有想要表达自己的观点并为零售 4.0 时代话题的讨论做出贡献的人对话。

我们的世界
根据算法的
速度而发生变化
唯一的常数
就是
变化本身

第一章

L' ERA
DIGITALE
数字时代

- •)) 大决战?
- •)) 数字时代客户旅程的发展
- •)) 数据是"新型石油"

1

大决战？

> 那些能够在面临所谓数字达尔文主义的影响时进行自我转型的实体店，会在这个新时代的曙光中幸免于难。

几十年以来，选址和供货这两个关键要素一直决定了零售业的成败。

一方面是商店的数量和地理位置的战略价值，另一方面是选择在货架上展示哪些商品以及展示多少商品。分销链、物流、流程分类、商品销售、店铺管理流程——所有决策都与这两个要素有关。

长期以来，零售业的三条主要原则——借用房地产行业的术语来说就是：**选址，选址，还是选址。**简而言之，占据最佳位置是首要条件，再加上与明确的目标偏好相符的货品，那么其余的要素基本上都会随之而来。在尚未经历以碎片化、动荡以及加速变革等为特征的数字时代以及随之而来的竞争压力的市场中，这种推动策略是具有其逻辑性的。

但是近年来，很多零售商关闭了门店，这说明情况已经发生了改变，主导思想也发生了变化。正如前言中所提到的那样，许多人甚至用"灾难"或者"大决战"去描述当前面临的主要由数字化转型带来的困难。然而，"大量商店的关闭表明实体零售（实体商店）即将终结"的观点是错误的。**如果断定这个几十年来几乎从未发生过改变的模式将就此终结，只能表明我们在定义数字时代方面还是有欠缺的。**那些能够在面临所谓数字达尔文主义的影响时进行自我转型的实体店，会在这个新时代的曙光中幸免于难。

在过去的 20 年中，互联网和智能手机的普及以及社交媒体的大量使用，推翻了所有行业（包括零售业）在过去 50 年中建立起来的整个供给系统的运行规则。这不是一场简单的技术革命，它创造了颠覆权利关系的条件。在确定产品和服务的提供时间、方式和内容方面，它让消费者扮演了领导角色，但同时也为不满情绪在全球范围内的蔓延埋下了伏笔。

由于不断地互联以及技术创新带来的机会，人们已经改变了行为、习惯、偏好和期望。正是因为这一点，个人发生变化要比企业快得多，新的角色——"数字原住民"出现了，并可以给出大量反馈。因此，零售商所面临的挑战是要适应这些新标准，此外，他们还要面临一个多世纪以来，人们为新时代设计思维模式、流程、结构和基础架构时所面临的典型困难。

随着数字革命带来的变化和纯数字化企业的出现，客户体验已占据主导地位，客户期望也改变了。由于触点逐渐分散以及获得产品和服务的机会增加，企业在各个阶段以连贯有效的方式来管理客户体验的难度也成倍地增加。这也就是为什么客户体验在今天比在以往任何时候都更加重要。

消费者可以掌握越来越多的信息，能够以更高层次的意识来做出购买决定。在给予偏好之前，他们期望企业有良好的态度，同时又要有极大的灵活性。他们排斥多渠道方法，不管企业建立的触点如何，他们都需要受到始终如一的对待。

任何人都可以随时依靠群体智慧来了解他们正在考虑购买的产品或服务。他们只须使用个人媒体（智能手机）访问互联网，然后再查询其他用户的评价。另外，消费者一旦拥有与该产品或服务相关的购买或使用经验，也可以决定是否要在其中添加自己的观点。

这种现象使企业处于一种前所未有的位置，大大减少了过去因其一直主导与消费者的关系而产生的信息不对称现象，由此也促使企业有必要重新思考一下营销和沟通策略。

有一点我们不能忘记，触点的增加并不代表人们用于消费的时间也成比例地增加：时间过去是，现在也同样是稀缺资源。我们由此推断，人们关注媒体的习惯也有了新定义，他们在每个频道上花费的平均时间有所减少。同时，间接的和非侵入性的交互形式正在传播，这更符合数字时代的特征。

简而言之，企业必须面对更分散、更挑剔的受众，除此以外，他们的注意力也更不集中，更不愿意分配其有限的可用时间。因此，企业就需要用精品内容来吸引目标受众，以建立一种良好的关系。如此，受众将对品牌产生积极的态度（也就是商誉），并随之产生购买偏好。

这方面会让人联想起塞斯·戈丁（Seth Godin）提出的许可营销的概念，该概念旨在超越传统的中断营销模式。后者的建立是这样一个过程：首先建立受众群体，传达有效内容；然后制订计划，通过在内容中插入广告来获益。然而，戈丁认为，新的营销活动必须摒弃过去因广告插入而造成的侵入性干扰，转而锁定发布者和接收者之间的关系，但这要基于后者的同意以及双方之间的价值交换，即时间与相关信息之间的交换。

显然，在这种情况下，实体店的重要性也降低了——因为出现了各种各样发现新产品、收集信息并完成购买的机会。这种无所不在的商务趋势要求我们超越多渠道的营销策略，因为这种策略没有充分考虑到新客户旅程的复杂性和消费者所拥有的众多选择。取而代之的是，我们需要一种全渠道的方法，尽可能地共享客户数据并整合内容，这样我们就可以提供个性化、有吸引力、有意义的体验。

我们将在接下来的两节中探讨这些话题。

简而言之，数字时代为公众提供了很多选择，而不只是可以作为产品展示和产品销售场所的商店。如果通过电子商务，我们可以拥有很大的选择余地，并且可以在几天，甚至是几小时内收到购买的商品，那么选址和供货就不再是首要条件了。零售商依据其规模获得大量产品，他们还要管理物流及仓储，在商店中展出商品并在之后进行补货，最后针对各个销售和售后阶段对员工进行培训和协调。但当消费者想要购买一种产品而同时具备多种选择时（这意味着他们会以更低的价格获得更令人满意的客户体验），该模式就无法持续下去了。更不用说**某些零售商正面临与某些供应商的竞争，这是因为数字技术带来的去中介化使这些供应商可以绕过零售商，直接向最终客户提供服务。**

为了适应数字时代，零售业需要转换思维方式。他们必须通过充分了解全渠道模式的动态来应对客户旅程的发展，并对已经获得的商业技能（尤其是商店客户体验方面）进行仔细评估，以了解数字消费者的期望。

在接下来的章节中，我们将尝试定义一个有用的解释框架来发展这种新思维，并为零售商提供概念工具，使其了解如何使商店的价值主张与市场预期保持一致。

2

数字时代客户
旅程的发展

" 在数字时代，实体店很
难在多个阶段同时发挥
决定性作用。 "

客户旅程是人们作为商品或服务的购买者，从首次接触品牌到做出购买决定的过程。换句话说，客户旅程也可以描述为消费者与品牌的各个触点实现交互的路径。

值得注意的是，这些触点不一定由企业来控制。品牌拥有的渠道（网站或博客）、付费渠道（商业广告、印刷广告或横幅）以及获得渠道（用户评价）之间存在许多细微差别。这就导致组织协调、监测交互、影响认知和引导选择等工作都变得更加复杂。客户旅程在此前使用的所有模式中都被描述为阶段性的线性连续。最常见的理论解释之一是由美国西北大学凯洛格管理学院教授德里克·拉克（Derek Rucker）开发的"4A"模型，它是由广告和销售行业最具标志性的先驱之一——伊莱亚斯·圣埃尔莫·刘易斯（Elias St. Elmo Lewis）之前提出的 AIDA 模型（attention 引起注意，interest 产生兴趣，desire 激发欲望，action 促进行动）发展而来的。

根据拉克所说，客户通常会经历四个阶段，重复购买将成为企业是否与其成功建立联系并判断其忠诚度的主要指标。这四个阶段分别是：

1. 认知（aware），客户了解品牌或产品。

2. 态度（attitude），客户根据品位和需求对品牌和产品做出正面或负面判断。

3. 行动（action），如果客户表示认可，就会决定购买其产品。

4. 再次行动（act again），如果客户感到满意，就会决定回购产品或服务。

　　由此表现出来的购买路径呈现出典型的漏斗形状，可以称之为<mark>客户漏斗</mark>：从一个阶段到下一个阶段，客户数量逐渐减少。人们必须先了解某个品牌才会认可它，人们只有认可该品牌才会去购买它。因此，每个人考量的品牌数量会随着每一步的转换而逐渐减少。

　　比如，一个人有明确认知的品牌的数量会低于他听说过的品牌的数量，但会高于他们选择购买其产品的品牌的数量。在"4A"模型中，由于营销活动的开展，在客户旅程的各个阶段中影响购买决策的最大因素是由企业控制的触点（例如认知阶段的电视广告和行动阶段的商店员工）。

　　正如科特勒（Kotler）、卡塔加雅（Kartajaya）和塞蒂亚万（Setiawan）在《营销革命4.0：从传统到数字》一书中所说的那样，我们定义为预连接的时代本就可以很好地体现品牌与客户的关系，然而过去20年的巨变需要一种能够将传统营销和数字营销进行整合的新模式的诞生。

　　在预连接时代，单个客户就能独立地表达对品牌的意见，或者最多将其意见与一小群他信任的人的意见进行比较。但是，在数字时代，社区从客户旅程的早期阶段就产生了强大的影响力，以至于许多个人购买决定实际上来自"当地"的社交活动。

　　在预连接时代，品牌忠诚度的定义主要基于客户留存率和回购率。在数字时代，人们习惯于在线记录和分享他们的经验，因此，忠诚度更多地取决于客户的拥护，也就是客户向他人推荐品牌的意愿。即使没有频繁地回购（使用生命周期较长或具有永久性的产品），较高的拥护率也会对品牌宣传产生相当大的积极影响。

因此，如今的客户旅程要用一个新模型来进行描述，这次表示为5个"A"：了解（aware）、吸引（appeal）、问询（ask）、行动（act）、拥护（advocate）。

> **了解**：在此阶段，客户通过以往的经验、营销宣传活动和其他人的建议了解各种各样的品牌，这是客户旅程的第一步。广告是增强品牌知名度的重要控制手段，但如今，同类群体的影响力也同样重要。

> **吸引**：在意识到拥有多种选择后，客户会收集他所接触到的所有信息，并加工成短期或长期信息，但最终他们只会被有限数量的品牌所吸引。许多企业都在销售商品（往往是无差异产品，例如日用消费品），因此在竞争激烈的行业中，品牌必须发挥更大的吸引力，才能从竞争中脱颖而出。某些客户对品牌吸引力的反应会比其他客户更多。

> **问询**：在好奇心的驱使下，客户会采取向朋友和家人询问信息，通过媒体查找或通过各种触点直接与企业互动的方法来研究他们感兴趣的品牌。客户可以向朋友征求建议，也可以独立评估心仪的品牌清单。同类群体、传统媒体和线上媒体，还有销售运营商和实体店，这些都可以满足客户的信息需求。数字世界（线上）和实体世界（线下）之间的结合以及信息渠道数量的增加使得问询阶段变得很复

杂。在连接时代，这个阶段很疯狂，会推动集体决策，激发购买行为，甚至直接导致拥护行为，即使客户从未真正购买过产品或服务，也会对产品和服务表示赞赏。

> 行动：如果客户被收集到的信息所打动，他们将决定采取行动。但是，需要记住的一点是：理想的交互不能仅限于交易层面。在购买完某个品牌的产品或服务后，客户会在消费、使用、售后服务这些更深的层次上与企业进行交互。因此，品牌在行动阶段的存在意义与更广泛的体验有关，而这种体验必须是正面且难忘的，客户才会回购并给予潜在的积极口碑。

> 拥护：随着时间的流逝，客户会对品牌产生一定的忠诚度，这体现在保留、回购以及向他人推荐产品或服务这几个方面。由于每一个客户都会接触到一定规模的受众，拥护阶段在数字时代就显得非常重要。当客户自发地向他人推荐他欣赏的品牌，并以积极的态度在网上分享自己的经验时，就会达到拥护效果。由于一些忠实的拥护者会"公开"推荐某些品牌，因此他们将来很可能还会回购其产品。

我们把5A模型的各个阶段进行了排序（抽象地），但需要强调的是，它们实际上可能并不遵循线性路径。有时这种路径甚至呈螺旋形，因为客户会返回到之前的某个阶段，从而形成一个反馈循环。乐于了解的客户会将新品牌添加到他的已知品牌列表中，或者找到更具吸引力的新品牌并更新其"偏好排名"。再或者，遭遇服务不周的客户可以自己在网上找到替代品，很快就会更换掉之前的卖家。

5A
新客户旅程

	客户行为	可能的客户触点	客户印象 关键词
了解	客户被动接收来自过去产品的体验、营销互动和其他人的体验等各种产品信息	· 从他人处知晓品牌 · 无意间接受品牌推广 · 联想起以往的客户体验	**我知道**
吸引	用户处理已知的信息，加工成短期或者长期信息，并选定几个心仪品牌	· 被品牌吸引 · 形成心仪的品牌清单	**我喜欢**
问询	受好奇心驱使，客户积极跟进吸引他们的品牌，从家人、朋友、媒体甚至产品本身来获取信息	· 向朋友寻求帮助 · 在网上查看使用评价 · 拨打客服热线 · 比价 · 在实体店试用	**我相信**
行动	获得足量信息后，用户做出购买选择，通过购买、使用和服务程序进一步进行产品交互	· 在线上或线下购买 · 首次使用产品 · 反馈问题 · 享受服务	**我购买**
拥护	随着时间的推移，客户对品牌越来越忠诚，并反映在留存率、回购率和最终的品牌拥护上	· 继续使用 · 回购 · 推荐给他人	**我推荐**

5A 模型下的客户旅程图

科特勒 P.，卡塔加雅 H.，塞蒂亚万 I..《营销革命 4.0：从传统到数字》. 米兰：霍普利普出版社，2017 年.

由于**旅程可能遵循不规则的路径，而且实体和数字触点会交替发生**，因此客户所考量的品牌数量也可能在一个阶段与另一个阶段之间发生变化，这有效地避免了漏斗理论所预测的情况的发生。特别是在某些产品领域，消费者可以跳过旅程中的一个或多个阶段。例如，客户最初可能不会被某个品牌吸引，但后来朋友的建议可能会促使他购买该品牌的产品。这样一来，吸引阶段就会被跳过，直接从了解阶段来到了问询阶段。另外一种情况是，客户也可能会跳过问询阶段，仅凭最初的了解和被吸引就冲动地做出购买行动。对于低参与度的购买，例如低成本的商品或日常用品的购买，后一种情况经常出现。

但是，在某些情况下，最忠实的拥护者却并非购买者。消费者即使没有购买过该商品也会跳过行动阶段，直接进入拥护阶段。这对于购买难度较大但流行度很高的产品（例如时尚奢侈品或豪华汽车）而言，是一种特殊却又很常见的行为。

最终，新客户旅程不再表现为具有固定比例的漏斗状，并且客户也不一定需要经历旅程中的所有阶段。因此，了解阶段和拥护阶段之间的路径会根据客户的数量变化扩展或缩小，而客户数量与客户在每个阶段所考量的产品类型、品牌引导能够影响客户在购物过程中所做的选择。

实体店在消费者购买路径当中固然很关键，但其作用必须要根据我们所描述的变量来逐一评估。有时候，实体店可能是一个能积极影响人们的了解阶段和吸引阶段的理想场所。例如一些小众的品牌精品店在人流量大的中心地带选址，并用新颖的商品来吸引路人；在其他情况下，实体店可以通过提供其他触点无法复制的店内体验来促成交易（行动阶段），这种体验要归功于其他交互作用的影响，并会为拥护阶段做铺垫。

在数字时代，实体店很难在多个阶段同时发挥决定性作用。

总之，需要重申的一个重点是：客户旅程的类型并不是单一的。这既适用于研究不同品牌，也适用于研究同一品牌所服务的各个细分市场。因此，必须以特定的方式对"旅程"进行分析，然后通过反馈来验证不同类型客户之间行为的差异。在进行此类研究时，我们会有计划地使用到角色模型（营销人员、买方、客户或广大用户）的概念。这个过程结合了传统的细分、选择和定位的模型，并且会追踪当前或潜在客户的基本情况。由于其目标是透彻地研究各种对话者的需求、欲望和期待，因此有必要使描述尽可能真实。为此企业会展开详细的研究，对大量数据进行分析，并在各利益相关方的参与下进行定性调查。所有这一切都会贯穿始终，先追踪各角色模型的基本情况，再在实际应用前对其进行验证。

接下来的章节侧重于阐述将数据作为与大众建立有价值的联系以及加深对客户旅程的理解的工具的重要性。

3

数据是"新型石油"

> 数据只有在具有相关性且能实现特定目标时才会成为信息,否则依然会保持未加工或非结构化的状态。

本节的标题参考了英国拉夫堡大学媒体与传播学教授戴维·白金汉（David Buckingham）的一句话：数据就像石油。这句话强调了数据在为人员、机构和企业创造发展机会方面的巨大潜力。行业专业人员的任务就是找到数据，并对其提取、加工、分配，再从中获益。

多年来，企业、政府和机构一直坚持"大数据"概念。技术进步可以利用数据库中的数据资产，使其相互联系并提取真实价值的想法逐渐被认可。例如，**最早是零售企业通过会员卡来收集客户数据。他们热衷于了解如何将大数据转变为"智能数据"，或在有益信息中获取竞争优势，从而更好地满足客户并提高组织效率。**

我们不断谈论大数据还有另外一个原因。数字革命和智能手机的普及已经将全球数十亿互联人员转变为内容创造者。我们也不能忽略"物联网"，也就是（通过智能手机之类的设备）将物品接入网络，进而实现物与物、物与人的互联。此外，新技术还能收集、汇总、存储、分析我们线上和线下的操作（安全摄像头、信用卡交易、客户端数据等）所包含的一系列数据。

所有这些原因促使每天产生、存储以及可能被处理的数据量激增。根据统计，全世界两天内创造的数据量比 2000 年以前的数据总量还要大，而且这个数字在未来几年中还会进一步成倍增长。**数据量越大，可操作性也就越差。**为了更深入地思考这一方面，我们有必要解释数据和信息之间的区别。根据彼得·德鲁克

数据就像石油
该行业专业人员的
任务就是找到数据
并对其提取、加工、分配
再从中获益

发送短信
1 800 万条

观看视频
430 万条

登陆
Facebook
97.3 万次

下载 APP
37.5 万次

370 万次
搜索

Instagram[a] 滚动
17.4 万次

在网飞上观看
26.6 万小时

发布推文 48.1
万条

网购
862 823 美元

滑动
Tinder[b]
110 万次

发送
WhatsAPP[c]
消息 3 800 条

发送
电子邮件
1.87 亿封

60 秒

2018 年，这是互联网上一分钟内所发生的事情

路易斯 L.，卡拉汉 C.，积云媒体公司

摘自 www.weforum.org/agenda/19\8/05%what-happens-in-an-internet-minute-in-2018/

---

① 一款用于智能手机之间通信的应用程序。——编者注

② 国外的一款手机交友 APP。——编者注

③ 一款运行在移动端上的社交应用程序。——编者注

（Peter Drucker）的观点，**数据只有在具有相关性且能实现特定目标时才会成为信息，否则依然会保持未加工或非结构化的状态。**销售活动的成果、产品回购率、货架商品周转、网站分析，这些都是原始数据在被识别、验证、汇总、交叉、语境化、分析并被转换为解释性或实用性指标后才成为信息的例子。

但是说来容易，**据统计，所有行业实际上仅使用了少量理论上可用的数据。**即使在最先进的组织中，也只有不到一半的结构化数据被实际用于决策，不到1%的非结构化数据参与了分析。超过70%的员工可以不受限制地获取本应被排除在外的数据，但数据分析师80%的时间都用于搜索分散在各个企业资料库中的数据。

不过显然也会存在一些例外——主要是那些能快速预见大数据的巨大潜力的纯数字化企业，这得益于其业务性质与高管的战略眼光和能力。这些企业会去投资建设标准化数据库，并使存储的数据更易于访问（以及在必要时结合第三方数据）。在零售4.0时代，这个问题尤为重要，因为它为企业的后端（进行高效的组织和运营）和前端（面向商业伙伴和最终客户的活动）提供了新机遇。

正如我们所见，消费者希望与品牌建立个性化关系，这要求企业透彻地分析客户旅程并为其配备合适的工具。**触点如此分散，很难吸引人们的注意力，更不用说使其保持活跃并转化为对企业所提供产品和服务的真正兴趣。**因此，企业从中获得的数据和信息是启动营销策略向4.0阶段过渡的必不可少的工具。

当大数据以正确的方式为企业服务时，可以使用定位策略来实现从定制化到个性化的过渡，这对有效保持企业与客户之间的关系非常有利。我们将在"个性化原则"中深入讨论这一问题。

如今，社交网络是获取个人数据的渠道之一，因此利用这些数据盈利成了某些企业获得利益的一种手段，有的企业甚至还会偷偷销售这些数据。这个话题比较敏感，所以政府高度重视对个人数据收集、传播、储存的监管。这也涉及伦理道德问题，易引发广泛的社会关注。关于个人数据泄露的问题曾在 2018 年春季引起过国际关注。当时的剑桥分析公司（Cambridge Analytica）被爆出丑闻，该公司被指控收集了数千万 Facebook 用户的敏感数据，并将其出售给想在美国大选和英国脱欧公投之前影响公众舆论的第三方。

但是，将大数据的潜力仅仅限制在市场营销或政治宣传方面显然有些目光短浅。如前所述，它也可以让公司在组织和管理层面上受益。例如，零售企业可以通过将销售数据与特定地区的居民在 Facebook 上表现出的偏好数据进行交叉分析来获取信息，进而储备某些商品或进行促销。制造企业可以将对自身掌握的数据和第三方数据进行交叉分析，找出分销商或客户的偏好，以提高产品的品质或者增加其特色，更好地满足分销商或客户。

大数据传播的问题主要涉及隐私（私人和公共之间的界限怎么划分）、安全性（谁来管理敏感数据以及如何管理敏感数据）以及对信息被收集者可能产生的歧视。我们好像已经习惯了银行和保险公司会对客户的健康状况产生歧视。如果没有法律制度的约束，就会产生信息拥有者与受信息影响的人之间出现严重的信息不对称的风险。

无论如何，如果以正确的方式收集信息，并在注重隐私的情况下进行数据分析，就能够理想地完成前文中所描述的客户旅程分析。对于企业而言，其重要目标是通过角色模型对人群进行归类和细分，准确地描述每个触点的作用和特征，并扬长避短，提供更符合人群需求的服务和商品。几年前，大数据的有效性仍是不可想象的。如果企业具备能准确衡量业务活动的工具，那么数据分析将更具指导性。这样，企业所获得的数据就能用于持续监测经营的流程，并针对需求进行越来越精准的供给（甚至可以对需求进行预测）。

第二章

LE 10 REGOLE DEL RETAIL 4.0

零售 4.0 时代的十大指导原则

1 无形化

2 无缝化

3 目的地化

4 忠诚化

5 个性化

6 策展化

7 人性化

8 无边界化

9 指数化

10 勇敢化

1

无形化

"技术就像一个玩笑：
如果需要解释，
那就没有意义了。"

BE INVISIBLE

当前技术革命的一个显著特征是能够提供多样化的解决方案，以及普及使用各种设备，其发展是基于摩尔定律。英特尔公司创始人之一兼研究员戈登·穆尔（Gordon Moore）曾在 1965 年预测，计算机的计算能力每 18 个月或者 24 个月就会翻一番，处理器的大小也会相应减半。因此，功能更强大、外形更小巧、价格更低廉的处理器能使计算机技术更受广大用户的欢迎，这就是我们经常提起的技术上的"民主化"。实际上，按照摩尔定律，人们推算过这样一个数据：在当今世界 52 个主要经济体中，66％的人口在使用智能手机，而这些手机拥有的计算能力与 1969 年人类首次登月的阿波罗计划的整个计算能力相当。

由此来看，零售企业现在也可以向我们提供最先进的技术解决方案。技术强大是事实，但这并不意味着我们要过分强调对技术的依赖。我们认为，将技术（手段）置于技术的使用（目的）之前是缺乏远见的，因为它更倾向于寻求一种表面性的解决方案，而并非真正意义上的创新。

首先需要强调的是，技术只有与用户的真实需求联系在一起，才能发挥促进和推动作用。我们必须明确，技术是**实现具体目标的一种手段**。当它解决了实际需求并赋予行动以意义时它就发挥了最大效用。但我们应该避免把使用技术本身当作目的，因为技术注定很快就会过时。只有前一种情况才涉及真正的创新，我们的目标应该是简化人们的生活，将所有复杂的技术"无形化"。

举个例子，如果零售企业认为有必要升级某地区的销售网点，就不应该先从选择交互式设备或高端管理软件入手，而是应该先仔细分析需求和机会，然后验证使用某些设备的实际效用。这种考量看似浅显，但事实并非如此。

我们经常看到商店中有一些昂贵的设备，但这些设备却没有人使用，或者只使用其部分功能，综合其成本、时间和空间就会导致其低效利用。相反，如果商店能够先了解人们的需求或欲望，然后有针对性地增加一项技术，使其成为无形的推动者服务于大众，这就是在创造价值，这无疑也会对整个业务产生积极影响。理解这个概念最好的方法是把技术创新与"电力"联系起来：它是无形的，但却能够创造出那些至今仍被认为是杰作的解决方案。

此外，技术创新在为用户创造无摩擦体验（frictionless experience）方面能够创造更大的价值。我们用这个术语来形容消费者感受到的所有流畅的、动态的、无间断的体验。为此，零售企业即便是在组织流程上有所妥协，也必须围绕人们的需求来设计客户体验。因此，零售企业有必要仔细分析消费者购买前、购买过程中以及购买后的整个路径，并努力消除所发现的临界点或至少使其最小化。

实际上，人们对服务提供者效率低下的容忍度越来越低，但人们的期望却越来越高。这主要是因为市场上某些大型企业取得了卓越的工作成果。顾客喜欢感受到自己是购物过程中的主角，所以零售企业必须采用一种将个人及其需求置于中心的方法。如果能让消费者享受整个购物过程，那么无论是在网上还是在实体店内，购物体验都会是正面的。所以，不管是技术原因还是不同客户触点所含信息的不一致性所导致的选择和购买过程不那么流畅，都会对消费者内化的感知和记忆造成负面影响。

因此，零售企业面临着一个艰巨的任务，就是将其与客户的所有交互都简单化和直接化。消费者在店铺停留期间会做出很多行为，并且会经历购物的各个阶段来完成购买行为。而**零售企业的能力恰恰就体现在让这一切自然而然地实现，从而最大限度地减少消费者为实现其目标所需要的认知和体力活动**。在一个以技术发展研究为特征的时代，将目光集中于人们的实际需求和欲望，并注重创造真正的价值将变得更加重要。我们可以说高科技（high-tech）只有在成为高触感（high-touch）放大器时才有意义。这也正是本条原则的本质所在。

一个好办法是**依靠人们熟悉的技术、工具和界面来提供持久的用户体验并减少因为要接受不同的解决方案而付出的认知努力**。

真正的创新在于"减少"而不是"增加"客户所使用的资源数量。客户的学习曲线必须与其所获得的最终收益相称，这才能避免危险的"回旋镖效应"，否则某些创新技术的推动者会感到不满。很显然，如果我们要求客户花时间学习如何使用特定的支持设备，其需求或欲望就会被延迟满足。如果不得不这样做，就要保证他们的付出与收益成正比。对零售企业来说，最好的一个方法是使用智能手机系统。智能手机是消费者非常熟悉的一种设备，全世界有 80% 的人在商店内会出于不同的目的而频繁地使用它。因此，绝大部分的店内营销解决方案都会利用蓝牙、NFC（近距离无线通信）或 Wi-Fi 来与客户互动。

为了验证上文的内容，我们可以关注一下聊天机器人——能够模拟与人类对话的软件的逐渐普及。结合之前描述的方法，我们至少可以追溯到推动该软件发展的三个主要原因：

（1）可以在大众熟知的平台上使用。其中最著名的是 Facebook Messanger，全世界超过 10 亿人通过该平台发送消息。

（2）可以有效地进行客户关系管理。因为它一年 365 天，一天 24 小时都处于在线状态，并且可以同时进行无限次对话。

（3）可以合法使用有关用户的价值信息，因此能在市场营销策略和媒体策划中创造竞争优势并进一步提高效率。

毫无疑问，由 Indigo AI 公司开发的聊天机器人是一个有趣的案例。该公司是意大利最有发展潜力的公司之一，它将人工智能和机器学习应用于聊天通信工具，建设了跨国医药企业——拜耳公司在意大利的门户网站。通过该网站提供的服务，访问者能够搜索到医药健康和医疗保健的相关信息，并从中找到最符合他们需求的内容。

为了使理论更加具体化，我们可以研究一下通过技术创新能够产生附加值并带来竞争优势的两个领域：结账流程和移动支付。

结账流程是客户结束购物旅程之后的阶段。在电子商务平台中，客户会从购物车转到付款页面，并以一种简单直观的方式完成购买行为。在实体店也是同样的道理。在为消费者创造无摩擦体验时，结账流程实际上是最重要的因素之一。作为复杂的购买过程的最后一步，它的影响力甚至可以抵消之前建立的所有积极因素的影响力。

一旦选定所需产品，客户希望能在最短的时间内轻松付款并离开商店。因此，零售企业别无选择，只能通过制定相应的结账流程来避免结账队伍过长。

迪卡侬公司就是一个利用科学技术来改善购物体验的案例。自 2016 年以来，这个专门从事体育用品销售的连锁品牌，在其实体店中引入了创新智能系统来管理购物过程。迪卡侬的所有商品上都配有一个 RFID（射频识别技术）标签，一旦电脑语音播报收银台无人，顾客就可以将所有商品放在指定位置进行自动识别并付款。这个解决方案大大缩短了迪卡侬顾客的等待时间，并显著提高了购物效率。

苹果和塔吉特（Target）等企业也都在尽可能地取消收银台。实际上，得益于销售助理的帮助和支付方式的多样化，这两家企业（一家位于库比蒂诺，另一家是美国第二大零售企业）的顾客可以在店内的任何位置完成购买。

考虑到许多客户都使用便捷的智能手机，移动支付无疑是满足其需求的良好选择。随着非接触式信用卡的出现以及 NFC 技术在安卓和 iOS 系统中的引入，智能手机付款业务迅速增长，人们可以不必随身携带现金和银行卡就可以进行购物。

一些零售企业会通过开发相关应用程序来抓住这个机会。例如，全球最大的零售连锁店沃尔玛就已成功推出了沃尔玛支付，允许客户通过其官方 APP 进行付款。在此方案推出后的几个月内，88% 的消费者表示以后会重复使用该方式进行付款。我们再次将这个话题与上述内容联系起来以后就可以得出一个结论，智能手机支付可以让零售企业在店内的不同位置进行结算，缩小用于结账的实体空间，并重新定义一个多世纪以来一直没有变过的商业模式。

万事达公司和维萨公司也顺应这一趋势，致力于发展更具创新性、更简单、更自然的付款方式。这两位数字支付领域的全球领导者已经推出并正在继续改进信用卡持有人通过生物识别，例如面部识别，进行支付的功能。与仅使用指纹识别的系统不同，这些功能将为用户提供越来越自然的交易方式，例如通过语音识别或人脸识别。这个案例显示，**了解消费者的技术使用习惯以及分析人们，尤其是年轻人的生活态度，可以产生新的解决方案，进而改善购物体验**。在上述各个领域中，使用自然的（因此是无形的）技术有助于零售企业与客户建立新型的交互方式，并重新定义店内购物体验的不同阶段。

最后，除了能对客户的购物旅程产生积极影响之外，应用无形的技术也可以让店内工作人员受益。对一些流程进行数字化处理，尤其是那些机械性和重复性的流程，销售人员就可以摆脱掉一部分工作任务，以拥有更多时间从事具有更高附加值的工作。店内员工实际上可以专注于对购物者进行激励和宣传，并与其建立情感联系。

想要加深对"无形化"原则的分析，我们还应该思考一个特别重要的案例：Amazon Go[①]。这是由杰夫·贝索斯（Jeff Bezos）的公司开设的第一家超市，于2017年初在西雅图开业并进行Beta测试[②]。该超市最初仅允许该城市的员工进入，而后于2018

---

① 亚马逊推出的无人便利店。Amazon Go 颠覆了传统便利店、超市的运营模式，使用计算机视觉、深度学习以及传感器融合等技术，彻底跳过了传统收银结账的过程。——编者注

② Beta 测试是一种验收测试。所谓验收测试是指软件产品完成了功能测试和系统测试之后，在产品发布之前所进行的软件测试活动，它是技术测试的最后一个阶段，通过了验收测试，产品就会进入发布阶段。——编者注

年初对公众开放。想要进入该超市的顾客必须拥有亚马逊账户、Amazon Go 应用程序以及智能手机。顾客只须通过身份验证即可从旋转门进入店内，而超市内部实际上与其他普通超市无异。

但是技术系统的大量使用使这个约 170 平方米的空间成了世界上独一无二的地方。这里能够为用户提供无与伦比的购物体验，但最引人注目的就是它没有收银台，也没有收银员。这被称为"拿了就走"技术，人们可以直接走出旋转门，而不必刷信用卡。事实上，一旦顾客离开商店，亚马逊就会直接在其账户中扣除所购买商品的金额。这依靠了复杂的机器应用、计算机视觉和传感器融合技术，这些设备隐藏在货架和天花板内，可以监测顾客的所有动向，经过复杂测算后了解顾客何时将商品放置在购物袋中或放回货架上。在此过程中，通过技术手段收集到的信息使系统可以实时更新应用程序中的虚拟购物车，现实世界和数字世界就这样以不易察觉的方式实现了完美连接和同步。

然而，没有收银员并不表示店内没有员工。自动化流程使亚马逊公司可以安排其员工去完成购买体验中的重要任务，而不是站在收银机后面进行操作。员工可以不断补充货架上的商品，协助客户进行选择，解决技术问题，或者查验酒精饮料购买者的证件。

这完美地体现了我们提出的"无形化"原则。如前所述，**技术及其相关支持并不是目的，而是一种强大的手段，它以简化购物流程和相关体验为导向，消除不同类型的摩擦。**Amazon Go 的用户无须做出任何认知方面的努力——不需要额外学习任何技能，只需要做出自然的动作，并使用为该服务定制的简易应用程序即可。

其他零售企业可以关注 Amazon Go 这样的案例并从中汲取灵感，但要避免一味地追求技术进步而忽视了使用该技术所导致的成本收益比。我们已经强调过很多次，零售企业设计和实施的技术解决方案要以满足购物者的实际需求，并能够积极影响购物者的体验为目标。但是，过度强调纯粹的美学技巧或非常复杂的机制对某些零售企业而言却往往是负投资。例如迪卡侬的 RFID 技术并不能满足加快食品零售或其他杂货行业结账流程的需求。在价格很低的产品上插入智能标签会导致成本过高，这类产品的销售就没有使用该技术的必要了，否则会导致利润率过低。这种情况经常出现——**技术方面非比寻常的解决方案被证明不适合某些类型的业务，也仅仅是因为它们不能获得积极的投资回报。**

技术背后的社会文化因素也很重要。零售企业必须了解提供新工具或新体验所处的背景及所对应的目标人群，并且绝不能因其具有强大的吸引力，就错误地陷入对创新解决方案的依赖之中。一项技术要成为"新常态"，就要先征服通常仅占消费者人群 10％～15％的早期使用者，或者等到该技术拥有更高的成熟度时再使用，因为那时候的入门成本和与人建立关系的难度都会降低。

因此，技术和创新并不能被看作是同义词。但如果我们所阐述的原则得到遵守，那么一个就可以推动另一个，从而保持长期的竞争优势。否则，就会陷入手段与目标本末倒置的风险当中。

2

无缝化

" 任何人都无法独自演奏
交响曲，因此才需要整
个乐团。"

——勒科克（H. E. Luccock）

BE SEAMLESS

对于许多人来说，智能手机是世界上一个重要的"屏幕"，是我们对产品、服务、关系、体验的筛选工具。同时它还是全天候陪伴我们的伙伴，即使在睡觉的时候，我们也不会远离它，以至于现在智能手机被视为我们身体的附属品。有数据可以证实这一点：智能手机的屏幕平均每天被激活 150 次，每天的平均使用时间为 177 分钟。由此可见，智能手机平均每次的使用时长是 1 分 18 秒。这就说明人们所执行的操作要以即时可用性为目标，并需要及时进行交互。例如，加载缓慢的网页的容忍阈值始终较低，用户在某网站上长时间浏览并跟踪特定信息的意愿也在降低，遇到这种情况，通常的结果就是用户选择去访问其他网站。

智能手机在多个方面已成了我们的个人媒体，并能够让我们始终与他人和企业保持联系和沟通，这是近几年最重大的创新之一。品牌和人因不断的双向交流而相互连接，我们也不能低估由此产生的变化：这是企业和销售商第一次可以用更个性化而非集体化的标准来接触客户和潜在消费者，这种个性化的标准可能更符合预期，消费者也是第一次可以彻底地了解他所购买的产品和服务的所有信息。

因此，**我们的移动设备在不断进行着数字和实体的融合，也让我们体验到了融合了两个世界的混合现实**。其实在 2007 年第一款真正的智能手机 iPhone 推出之前，我们还都倾向于将二者分开。事实上，我们将这些设备称为"智能"设备，恰恰是由于它们具有激活网络连接的能力，能够与一系列网站和应用程序进行交互，进而为人们提供与其生活更加息息相关的服务。身处这样的环境之中，企业与客户之间、客户与客户之间都始终保持着多种不同意义的联系。

此外，在过去十年中，我们还见证了品牌与客户之间触点的大量增加，这些触点可以通过智能手机精准地相互连接。

这种情况也直接影响了零售业的发展。智能手机已经成了真正的购物助手，人们查找信息时通常只须点击即可。在需求出现的那一刻就能获取所有信息，这对于消费者来说是一种强大的能力，对于品牌商来说则是一个巨大的机会。智能手机在搜寻产品和购物时是必不可少的工具，可以广泛应用于实体店。在全球范围内，48% 的消费者用其进行比价，41% 的消费者用其查询性能说明，还有 37% 的消费者用其查找优惠券或折扣。

移动连接还能使人们在各种渠道和平台上进行浏览、预订和购买。由于这个空间是开放的，消费者能通过各种方式节省时间和精力。所以，**零售企业必须实施能规划、设计和加速客户购买路径的解决方案，使客户可以在最适合他们的条件下进行购物。**

因此，我们见证了客户旅程碎片化——变成了数百个微小的瞬间，谷歌公司将其重命名为微时刻。如今，以赢得消费者的喜好、想法和金钱为目标的"战争"正是在这些微时刻中决定胜负的。无论是决策过程还是消费者偏好形成的方式，这些微时刻都彻底改变了人们的购买行为。

这对零售行业也有影响。**虽然实体店的客流量在下降，但是**

在实体店购物的客户转化率却高于过去。这是因为商店成了更广泛的品牌关系建立过程中的顶点，人们甚至在进入商店前就开始进行产品研究。现在的消费者可以利用越来越多的触点和渠道来经历我们在数字时代章节中解释过的"5A"旅程。此外，如今典型的多媒体和多渠道设置在零售世界中还创造了两种特殊现象：展厅现象和反展厅现象。展厅现象表示的是购物行为始于实体店而结束于网络的过程。与之相反，反展厅现象是购物行为在网络上产生，最终在实体店完成的过程。这两个概念是人们在购买过程中倾向于波浪形路径的具体例证，人们的购物过程通常是在实体和数字渠道的交互作用中交叉完成的。

通过深入了解这两种路径的特殊性质，我们可以了解消费者的不同需求和动机以及产品和服务的不同特征。例如，展厅现象可能会吸引那些倾向于与产品建立实体关系的人或依赖销售助理的建议而决定去逛实体店的人，但随后，他们可能会在网上发现更优惠的价格，并最终在网上通过电子商务完成交易。在这些人看来，实体店实际上变成了简单的展厅。另一种情况是，消费者通过网络渠道来搜寻和查找对他有利的产品，然后在实体店中完成购买行为。消费者做出这种选择可能是因为他对网上交易缺乏信任，或者他需要专业人员的保障，又或者他想先体验一下真实的产品。正如我们之前所说的，其复杂性就在于人们往往会不断跨越这两个路径，在网络和实体店之间交叉探索。想象一下，假如我们想要购买一台电视机，我们可以先访问一个可以比较价格和型号的网站，准备好心仪的产品清单后，我们会前往实体店现场感受电视机的某些特点并验证我们的选择，然后也可能会重新上网浏览其他用户的评价。到那时，我们可以致电相关企业或连锁店或通过与网上客服互动来消除疑问。最后，我们回到实体店做出最后的决定（是否购买），或者在了解了实体店的实际价格后，再次回到网络上查询是否可以得到折扣或获得更好的售后服务。因此，企业面临的最大挑战就在于持续、有效地管理这种复杂性。

在高参与度的购买中，消费者的决策过程通常较长，并且需要进行多次确认，因此许多用户倾向于以近乎精神分裂的方式在触点之间"跳跃"。宝马公司曾在英国推出了一项有趣的举措，充分利用了人们的这种心态。该公司开发了一个程序，使人们可以使用智能手机开始购买过程。当潜在客户在杂志上或广告牌上发现这个德国品牌的汽车时，如果使用手机扫描该照片，潜在客户会被自动引导至专门的微型网站上，然后他们就可以看到该款汽车的性能了。为了使视觉识别过程尽可能地轻松和高效，宝马公司选择依靠像音乐雷达（Shazam，世界上最著名的应用程序之一，每月全世界有 1 亿人在使用）这样的合作伙伴。该系统的设计目的是让客户"空降"到该平台上，然后协助他们进行进一步的汽车定制化选择，并且支持该客户在 10 分钟之内完成该订单。如果客户未完成购买行为，宝马公司会将该客户列入客户旅程的后期阶段，并将其推向离他最近的经销商，使经销商获得更多信息，进而推动交易的完成。

结合这个案例，再加上人们对销售渠道越来越不在意的态度（我们将在后面进行详细讨论），我们提出这样一个假设：在不久的将来，即使是传统意义上漫长而复杂的购买路径，其所需时间也可能会变得更短，因为它会成为实体维度和数字维度完美结合的产物。

因此，我们可以将展厅现象和反展厅现象定义为实体数位化营销的两种表现形式，这是一种将实体与数字相结合以促进品牌与人进行无缝交互的动态形式。

线上和线下渠道之间的结合是未来零售业发展的关键。对每个经营者来说，打破传统上被认为是彼此分离的两个领域之间的壁垒是非常有必要的。如今，**"客户端"和"数字客户端"之间并没有区别，因为人们都能以一种通用的方式体验与品牌之间的关系。**技术的时空横向性使得数字化内容或支持与实物之间的差异变得不那么明显了。零售业要跟上时代的变化，最重要的是要抓住机遇，创造流畅的线上、线下过程体验，这也正是消费者的需求。新的购物者希望获得独特而切实的体验，他们想感受到自己是被联系的，但又不想受到任何约束。同时，他们无法再容忍任何孤立和分散的形式，也不希望自己的目标无法实现。

由此，我们可以引出"无缝化"原则的基本内涵：人们对他们的交流、了解和购买渠道越来越表现出"不在意"的态度。新的消费者希望感受到一种我们定义为生命商务的体验，在这种体验中，购买只是买卖双方更广泛的关系过程的最后一部分，该过程更重视买卖双方之间的所有触点。由于购买者是集消费者、客户和用户角色于一身的人，零售企业就要尽力提供一种无缝化的体验（实体触点和数字触点之间是无缝的）。因此，品牌如今可用的所有渠道（数字的和实体的）必须结合成为一个生态系统。在以消费者为中心的零售时代，消费者始终期望零售企业能保持出色且一致的品牌体验，这种体验是根据触点的需求为消费者量身定做的。

这就要求企业，尤其是零售企业，采用全渠道而非多渠道的方法。这是什么意思呢？多渠道策略是指利用多种渠道使品牌和消费者在客户旅程中进行交互和交易。通常情况下，**多渠道**系统由精确的整合方法和过程来控制，旨在从企业的角度指导消费者进行理想的客户旅程，但其弱点是渠道之间缺乏相互联系，这些渠道通常无法交互，也无法产生协同作用。它们往往是被单独管理的，并且每个渠道都有其各自的目标和要达到的绩效指标（KPI）。这通常会导致同一零售企业的各种活动之间发生冲突，从而严重浪费资源和机会。比如，当我们想要在同品牌的实体店中退掉之前网购的一双鞋时，可能会被拒绝；当我们想在网站上查询某实体店中该商品的库存时，却发现无法查询，因为这两个系统即使属于同一个企业，也未实现互联。

然而，全渠道系统是多渠道概念的发展，它以统一的方式重新考量了不同渠道的存在和本质。全渠道方法并不是将同一品牌的多个触点视为独立的部分，而是要使人们通过每个渠道都能获得品牌体验。尽管每个渠道都具有各自的特定功能，但其优势在于能够展现出一般性的、全面的客户体验。**企业的目标不再是产生交易，而是通过所有可用渠道来开发无缝体验。**这样一来，触点就不仅仅是与品牌各元素相关的机会，还是与品牌整体直接相关的机会。并且这些渠道还会持续地相互加强。全渠道营销将系统中的不同点连接起来，以提供相关的和可扩展的品牌体验，渠道在其中不过是一种工具，它建立在人们的

人们对他们交流
了解和购买渠道
表现出了越来越
"不在意"的态度

参与和授权的基础之上，以加强他们与品牌的持久联系。全渠道生态系统是一个框架，经营者可以在其中运用系统的逻辑为其客户创造价值。通过利用所有的触点和渠道，品牌能够提供无缝的购物体验。

虽然购物行为是一个过程，但人们很少会依据时间和空间区分对品牌和零售企业的体验。实际上，它们是由各个时刻、各个阶段组成的一个整体，其意义也是由这些不同的阶段和时刻组合而成的。因此，品牌和零售企业必须将每个触点都视为一个能优化与消费者之间的关系的机会。

在有效设计的全渠道体验中，人们是看不到渠道的多样性的，只会感受到企业提供的是同一项"服务"。所以企业必须将不同渠道和触点结合起来，使其转化为一个连续体。为此，需要改进系统的各个要素，以便从整体上改进系统本身。另外，如果品牌专注于信息本身而非传播手段，就会以更加自然的方式提供相关体验。

当客户与品牌互动时，他们希望自己始终能获得与品牌本质相一致的体验。这种独特的体验以横向、集成、连续的方式通过各种渠道得以体现。

正如我们在"无形化"原则中所定义的那样，技术是推动者和工具，而全渠道策略将服务的流畅性置于技术之上，其目的是要在认识到消费者的独特性的基础上将购物体验标准化。在多渠道的情况下，品牌和零售企业经常无法保持始终如一的形象，所以我们需要摒弃多渠道方法，转向全渠道方法，在规格和渠道上提升品牌体验。

然而，如果想要制定一个在任何时刻都切实可行的策略，品牌和零售企业就必须清楚人们的动机以及形成该动机的背景。只有这样，这些小小的"哇"时刻才能融入品牌的伟大历史中，从而加强其对人们的意义。 每次交互都是加强现有关系或建立新关系的机会。通过使每个用户沉浸在迷人而又严肃的品牌生态系统中，品牌承诺最终会变得生动而具体，就像是品牌在每个渠道上投射的一个可以增加交互价值的光环。

与自然生态系统无异，这些品牌生态系统也需要持续适应，就像其组成要素一样，需要建立秩序，建立共生关系，并发展特定的功能。建立复杂且无所不在的生态系统对于未来的零售企业而言至关重要。因此，创建跨渠道的无缝连接意味着要融合线上和线下两个世界并重新思考零售策略，在尊重每个触点的特点的同时使内容和价值之和达到 1+1>2 的效果。这一切都要着眼于客户体验，要意识到这是人与品牌的关系，而不是人与触点之间的关系。

从运营的角度来看，不同的购物渠道连接着同一个包含消息、产品、价格等信息的数据库，而全渠道零售就是要确保所谓"永远互联的消费者"能够在这些不同的购物渠道上进行活动。零售企业对商品的推销和促销不应该设置专门的渠道，而是要使每个渠道都能够让顾客达到对其进行访问的目的。因此就必须向顾客提供可以规划和优化他们访问所有商店的数字工具。另外，还必须努力合并存储管理系统，使其同步且明确，而且只有提供这样结构化的供给导航系统，才能避免各个渠道之间产生冲突。

全渠道营销能够带来切实有效的成果。国际数据公司（International Data Corporation）进行的一项调查显示，全渠道买家的客户终身价值比单个渠道客户的价值高 30%。美国著名零售连锁商店梅西百货经计算得出，全渠道购物者对企业的价值是单渠道购物者的 8 倍。这可能是因为当客户有更多选择并且能够按自己喜欢的方式以及在想要的时间购买商品时，会表现得更加投入。

就连丝芙兰（Sephora）——一家在全球 17 个国家和地区拥有 750 多家门店的化妆品连锁店，也意识到有必要打破其组织内部最大的障碍之一——实体店与数字团队之间的分离。奢侈品行业全球领导者 LVMH（酩悦·轩尼诗－路易·威登集团）所拥有的法国品牌，决定通过将数字团队与实体店相结合来优化组织，以适应客户全新的购物需求。随后，最高管理层也决定合并其客户服务。这种选择不仅需要重新定义其与零售商之间的各种渠道以及触点的供给和体验，还需要重新定义衡量和评估业务绩效的方式。内部消息表明，这项工作最大的优势是现在可以 360 度对消费者进行全新的、更全面的剖析，其中包括跨媒介购买历史、商店访问、与员工互动以及在线浏览的相关数据。所有这些会转化为对客户行为的精确再现，使企业能够有策略地做出最佳选择来拦截、参与或引导客户进行购买。因此，丝芙兰的目标是要在所有渠道上都建立稳固的关系，充分发挥以前因将不同业务目标最大化分离而无法实现的协同作用。内部调整已为消费者带来并且以后还将带来更大程度的外部调整。

ZARA（一家西班牙制作成衣和销售服装的公司）公司提供了一个有趣的方法，也是整合购买方法中最具创新性的案例之一。这个来自伊比利亚半岛的快时尚经营巨头在伦敦开设了一家快闪店，即临时性店铺，该店能在实体空间中满足最忠诚以及最挑剔的买家的所有需求。该商店位于斯特拉特福德城（Westfield Stratford City）大型购物中心内，占地 200 平方米，可以兑现线上订单——购买或退换货，还支持智能手机快速支付。此外，购物者还可以使用配备有 RFID 技术的"智能"试衣镜，该试衣镜能够显示出所穿衣服的尺码、库存以及可提供的搭配组合。该商店还销售各种可供选择的男女服装和配饰，顾客可以在实体店中购买，并通过蓝牙访问特定网站，以方便快捷地进行支付。由于是快闪店，该店于 2018 年 5 月关闭，为新的旗舰店让出空间。新店占地 4 500 平方米，拥有独特的布局：除女士、男士和儿童区域外，还专门设有一个"线上区域"，这个区域与两个机器人仓库相连，可以同时处理 2 400 个包裹。此外，这个商店还允许客户在现场直接使用 ZARA、Inditex（盈迪德集团，是一家大型西班牙企业，也是世界上第二大时装集团）或 InWallet（钱包，一家总部位于巴黎的企业，主要提供安全的移动数字身份解决方案）等应用程序，通过智能手机付款并提货。

　　拉尼里公司（Lanieri）也提供了一个全渠道整合的完美案例。该公司成立于 2011 年，是第一家意大利本土的电子商务公司，主营定制男装。该公司经历过初创阶段后，现已活跃在全球 50 多个国家和地区，其业务还在继续逐年增长。其成功的秘诀是什么呢？正是得益于个性化服务、全渠道策略和创新的解剖学式的测量分析算法的支持。该品牌成功地将技术与传统相结合，从而能够以简单直观的方式为客户进行量身定制。实际上，拉尼里公司已经建立了先进的线上平台，但同时也决定在一些主要的意大利城市和外国城市开设工作室来发展线下业务。

原因很简单：这是该公司第一次为客户提供线下接触品牌的机会——却往往也是最困难和最复杂的，使其在离线状态下获得时尚顾问的帮助并直接体验产品。随后，工作室会收集客户的数字资料，从这一刻开始，客户要在线上继续购物旅程，就变得更加容易和自然。

另外，维拉斯卡公司（Velasca）始于数字化的全渠道整合案例也很有趣。这家意大利初创公司在国际市场上提供各种精致的"马尔凯制造"的鞋类产品。该公司最初只是一个数字化经营者，随后通过开设快闪店逐步对线下市场进行了测试。选择在哪座城市开设实体店既要依靠微观经济分析和市场研究，也要依靠网站和社交媒体分析，因此公司可以清楚地了解哪些国家会更欣赏该品牌的价值主张。无论接触和购买渠道如何，客户都会在企业统一客户视角原则下得到认可并获得帮助，以最大限度增强实体和数字之间的协同作用，并简化人与品牌之间的关系。对维拉斯卡公司来说，电子商务占其营业额的 2/3，但实体店也同样是其至关重要的触点，因为它们能够赋予品牌稳定性，正如许多顾客在社交媒体上所表达的那样，实体店使品牌更真实、更权威。维拉斯卡公司计划未来两年内在全球首都城市开设 8 家分店，并希望发扬意大利制鞋行业的风格、工艺和创新。

最后，我们引用一个彻底改变零售业的事件来结束"无缝化"原则的阐述——亚马逊公司收购全食超市（Whole Foods Market）。全食超市是一家美国食品公司，在美国、加拿大和英国拥有 470 多家门店。2017 年 6 月，杰夫·贝索斯领导的这家科技公司斥巨资 137 亿美元将其收购。此举具有里程碑式的意义，因为亚马逊完全放弃了其独特的数字化企业形象，开始与美国食品杂货市场中最重要的参与者之一进行无缝整合，还重新定义了客户体验标准：消费者现在可以去他信赖的全食超市购买新鲜食品，如果他当时又临时决定在线上购物的话，那么在结账时他就可以同时取走他在网上订购的商品，这些商品由亚马逊公司定期自动补货。亚马逊公司既成了在线消费统计分析的存储库，又成了物流经理人，并且拥有众多占地面积非常大的实体空间。该交易方式为亚马逊公司提供了在全食超市为其主要客户提供服务的机会。此外，收购市区内现有的高端分销链还为其已提供的在线服务增加了稳固的实体结构。亚马逊公司强调，其中心辐射方式能够为越来越广泛的产品提供即时交付。该品牌将每天通过线上和线下之间的无缝连接进一步融入人们的购物体验中。

综上所述，我们可以说，多渠道是一种由内而外的方法，企业和品牌会根据消费者的优先级以及他们在各渠道中所表达出来的想法去计划各种传播渠道的活动。而全渠道是一种由外而内的方法，这种方法在整体上会优先考虑客户体验，并以消费者喜欢的方式来计划活动。实际上，就像我们在开始时谈到的，这是商业世界与人之间，发出者与接收者之间取得平衡的具体例证。

这些企业的经验表明，全渠道营销对于传统公司来说也是一种可行的方式，并且会产生可观的经济回报。但是，我们也不能低估全渠道策略所需的巨大成本。为了获得利益，企业必须在技术和员工培训上进行投资，必须掌握新的专业技能，必须使供应链各部分协调统一，等等。这些困难，再加上短期就需要获得效果的紧迫性，常常会给管理人员带来压力，迫使许多公司陷入僵局，稍好一点的会采用只能满足部分实际需求的战略解决方案。我们将在本书的最后两个原则——"指数化"和"无畏化"当中来专门阐述一种方法，帮助零售企业实现数字化转型，同时降低它们陷入组织复杂性的风险。

3

目的地化

" 人们购买的不是产品和服务，
而是关系、故事和魅力。 "

——塞思·戈尔丁（Seth Godin）

BE A DESTINATION

　　在本书中，我们应该明确一点，尽管线上渠道在持续增长，但它无法取代线下渠道。小米公司副总裁认为："眼见为实，要让人们先体验产品。"因此，在电子商务占主导地位的时代，这家中国电子行业巨头仍然在开设实体店，其目标是在不久的将来在全球开设 2 000 多家门店。虽然实体店仍然具有战略意义，但它必须不断获得新功能。显然，在许多情况下，消费者会寻求与产品的实际接触，但是仅仅根据货架上的商品陈列来满足购物体验是远远不够的。要了解实体店在新零售时代中的作用，我们必须首先回顾消费者看待购物方式的颠覆性变化。通常情况下，人们不是购买商品本身，而是购买商品所包含的意义。人们之所以选择某种商品和服务与情感、心理和社会领域都有关。实际上，客户体验变得越来越复杂，产品和服务与各种流程和人员交汇，并占据了实体和数字空间。作为消费者，我们是根据体验的"质量"为产品支付不同的费用。现如今，一项购买任务是凭借对品牌或零售企业的信任和货币支持来完成的，这些品牌或零售企业通常包含着无形的、抽象的价值主张。这种"有差别"的价值可能存在于客户旅程的众多因素或时刻当中。

　　仅凭"产品的技术优势"来选择购买的时代已经过去了，这就要求经营者在提供商品的同时学会表达自己，讲述能够征服人心的故事。实际上，我们可以说，在今天，产品体验比产品本身更重要。试想一下，当你身处一家服装精品店时，服装精致的面料、工艺和包装无疑是一种有形价值，但却不足以使其在竞争对

当今的购买任务
是以对**品牌或
零售企业的
信托和货币
支持来结束的**
这些品牌或零售企业
通常包含着无形的
抽象的价值主张

手中脱颖而出。因此，关键的一点是企业在展示产品或服务的同时，通过独特的氛围向客户传达价值观并保持对客户的关注。基本上来说，现如今，正是体验决定了人们愿意购买和消费什么。

遵循这一趋势，在过去的 30 年里，营销策略逐渐摆脱了传统的传播和销售模式，并试图将迄今为止没有经过系统化发展的无形元素纳入产品中。如今，这一元素实际上已经成为企业创造价值的主要手段之一。消费者在购买阶段一直在寻找新的刺激因素：一种参与感、一种情感、一种动机。这种因素促使他们进入商店，第一次或无数次选择某一品牌或产品。围绕客户的情感和体验这一重要话题，近年来发展出一种针对 CSE（消费者购物体验）的营销方法，旨在确保消费者在商店内度过重要时刻，而购买只是代表这个更加丰富的过程结束了而已。如今，善变或强烈的好奇心等因素都有利于促成购买选择。购买产品或服务的"旅程"可以很快，就像购买日用品时经常出现的"看到即购买"（这是由于日用品自身的性质或在其所参照的社会环境中并不重要，因此潜在客户认为其与竞品之间没什么区别）。但这也可能表现为一个漫长而复杂的过程，一个在其中添加各种投入而使其不断成熟的过程。因此，我们不能认为某渠道或触点的活动与其他活动是脱离的，相反，我们应该评估所有要素的整合情况。

我们不能说没有促进即时销售的触点就是无效的，因为它可能会在其他方面对该人员产生刺激，并为将来的购买行为提供诱因。我们要理解今天的零售并不单纯意味着将产品送进消费者囊中，而是要与其建立一种跨媒介关系，这种关系能随着时间的流逝而持续下去，然后在最恰当的时机用最恰当的方式得到回报。

研究显示，实体店很快会迎来复兴，这一过程将导致其经营思路发生变化，客户旅程中也将出现新角色。**如果我们观察消费者在实体店中如何改变其期望和欲望，就会发现，"商店的目的是经济交易"这一观念的弱化得到了证实。**实际上，越来越多的人把商店看作是一个"游乐场"，在那里他们可以学习新事物并表达归属感、风格或特殊态度。新型购物者似乎希望能从这个地方获得更多娱乐性、消遣性或信息体验，而不仅仅是购物。有事实可以证明情境体验和情感方面的重要性：全球超过 85% 的消费者表示，他们愿意支付比产品基本价高出四分之一的价格来换取难忘的相关体验。因此，**商店就变成了一个体验点，从被认为是必须去的地方变成了想要去的地方，**成了能提供令人满意的体验的场所。购物者可以放下负担，保持欲望和意愿，这也正是"目的地化"原则的含义。

实体店复兴和新功能的出现，主要源于人们对新的选购商品方式的自然适应。正如我们之前所提到的那样，有研究表明，消费者会受情绪、想象以及自身经历的影响，当他购物时，不仅会寻求能满足功能性和实用性选择的所需信息，而且还需要感官和消遣性刺激，以满足审美和娱乐方面的需求。因此，我们有必要明确地接受这样一个观点：具备探索性和关系性的组成部分是零售行业不可或缺的一部分，因此，即使它们不能同时转化为交易，也应予以重视。只有这样，零售企业才能与顾客建立起更深层次的情感联系，并以数字化无法达到的方式回应顾客的愿望，从而建立起一种长期的关系，产生比短期销售更大的价值。所以零售企业必须迅速采取行动，迎接市场带来的又一个挑战，并制定战略，将他们的实体店转变为一个顾客经历自我认同过程的"有魅力"的访问地点，旨在成为生活方式市场：在那里人们有机会探索一个与产品或品牌有内在联系的世界，并不断重新定义自己的身份。

认识到体验的中心地位就意味着将消费者提升为积极的参与性角色，侧重于交互，并从操作者的角度出发，策划与消费者直接相关的活动或事件。26%的人说他们参与过店内活动，其中58%的人说他们将来有可能在同一家商店购买商品。这就是为什么一些企业决定将他们的旗舰店改造成**聚会场所，也就是聚集和分享的地点**。有些企业提供专业课程，有些组织娱乐活动，有些甚至还会配备温泉和健身区，因为零售企业意识到了这些活动对于其塑造自身标志性形象的好处。

所有这些也可以看作是以下事实产生的结果：**今天，人们在任何地方都可以完成购买，但实体店的特殊性应另当别论**。如果零售商不适应这样的趋势，即数字化已经从实体店手中夺走了让消费者发现并购买产品的第一渠道，他们就有可能继续陷入落后的观念中。另外，随着消费者期望值的不断增加，能够在有吸引力的环境中促进人际互动的商店可能成为新常态，人们的期望已经从短期内在家收到订购商品变成几个小时内收到免费配送的商品。标准在不断提高，因此，信息、对话和对客户的关注将越来越多地与优质产品和服务进行整合。现在我们来看一个例子。

2013年，美国最大的无线电信供应商——威瑞森电信（Verizon）开设了第一家目的地商店（Destination Store），这是一个缩小虚拟体验与传统体验之间距离的标志性案例。随着布卢明顿（位于印第安纳州）概念店的落成，该公司已经能够通过将销售点转变为互动空间来提高品牌参与度，其旨在证明移动技术能够丰富人们的日常生活。威瑞森电信如今的目标是让客户了解数字产品和服务的潜力，支持他们发现数字产品和服务，并允许他们用手触摸最新的设备以实际体验其功能。这种形式的想法源于为消费者提供难忘的店内体验，而不是仅仅通过供应更多类型的产品来激发他们的选择。

威瑞森电信所开设的目的地商店的一大特点就是建立不同的生活方式区域，即集中了人们生活中的重要元素（音乐和体育）的互动区域，这些有趣的活动以一种完全沉浸式的方式来传递信息和吸引购物者。其中一个例子是设备墙（Device Wall），这是零售行业最完整的产品发现指南。人们仅仅依靠这种交互式的"墙"，就可以直观地比较不同的设备。设备墙的影响非常广泛，该企业现已推动该品牌将其理念扩展到超过1 700家门店，并将其转变为智能商店。通过坚定地专注于能够加强和影响消费者选择的价值观和无形因素，人们现在倾向于**将实体触点作为与品牌交互的殿堂**。消费者不再满足于出现越来越多受追捧的商店和独家产品。在许多情况下，他们正在寻找一个专门针对该品牌的专有空间，在那里他们发现自己可以参与创造品牌的历史。

阿迪达斯跑步基地（Adidas RUNBASE）就是一个典型的例子，这家运动服装品牌的历史结合了波士顿这个城市的历史。波士顿每年都会举办马拉松比赛，该赛事是世界历史上最悠久的马拉松比赛，所以阿迪达斯就专门为比赛而建造了一座商店博物馆。人们在那里可以感受到该品牌的精髓，并在最终选择购买商品的时候感受到蕴藏在其中的精髓。

　　同样，大众汽车凭借建造 DRIVE 展厅重获辉煌，DRIVE 展厅拥有 4 000 平方米的空间，面向公众开放。它里面展示的既包含历史车型，也有未来的概念车，还有当前的一系列产品和配件。所以说，这家在欧洲首屈一指的汽车制造企业以实际行动表现出要成为融合了可持续出行、艺术品位和技术创新的参照点的愿望。类似的还有沃尔沃米兰体验中心的运营，这是该瑞典汽车品牌打造的新空间。天然材料、灯光秀、展览、生活方式展示和一个最负盛名的由模型打造的区域共同组成了这个设计空间。沃尔沃米兰体验中心是一座彰显了品牌风格的殿堂，它是一个多功能空间，人们可以在这里会面、参加活动并了解行业动态、技术创新、出行方面的新趋势。除了艺术和文化活动之外，该概念店也提供一个专门用于体验虚拟现实的区域，能以启发性的方式让顾客见证沃尔沃世界的创新，还有一个专门为专业人士提供产品和服务的区域，以及一个可以举办精致烹饪活动的区域。不过，三星 837 体验店才是"品牌殿堂"的完美典范。这家韩国巨头的概念店被称为"技术游乐场和文化胜地"，于 2016 年在纽约市米特帕金区（Meatpacking District）落成。这个占地超过 5 000 平方米的空间显然不是典型的实体店。在店内，人们可以欣赏、触摸和试用所有顶级产品，但都只能体验而无法购买。店里唯一可以购物的区域是茶点区。这种设计背后的原因很简单：从遍布全国的分销链到亚马逊，消费者已经有了自己最喜欢的购买场所，因此就不再需要另一家传统商店了。所以三星公司决定不把重点放在新建零售网点上，而是要着重于建立品牌形象、品牌本质和品牌价值。这座三层楼的建筑专门为该品牌服务，目的是向人们展现未来的零售行业，这里提供的不是产品，而是体验。三星 837 体验店还拥有专为娱乐而设的主题区域，并且基于这样的一个理念：商店应被视为一个令人熟悉的场所，甚至成为类似于家庭的栖息地。在这个豪华而轻松的环境中，顾客可以与员工聊天并欣赏大屏幕里面的内容，这是由 96 块 140 厘米的面板连接在一起组成的 3 个超大屏幕，店内还设有 75 个座位供顾客参加活动、欣赏音乐会和观看艺术景观导览时使用。不过，这家店真正吸引人的地方在于虚拟现实隧道（VR Tunnel）——一条由监视器和镜子组成的走廊，它能提供虚拟现实体验，并可以与客户的设备连接，提供个性化的访问体验。最后还有接待区，这是一个专门负责维修和提供帮助的区域，可以获取与客户服务相关的有用信息。

正是在这样的背景下，诞生了一个后来被证明越来越重要的"导购商店"的概念。在导购商店，我们的想法不是保证仓库中的货物应有尽有，也不是提供最好的产品，而是尽可能提供最好的"实物"体验，来满足那些线上购物永远无法满足的需求。因此，企业的最终目的不是要把库存中的最后一件商品销售出去，因为没有仓库。企业必须考虑产品生产前后的一切问题。一个产品越复杂，就越需要通过实体零售来达到被使用的目的，更好地解释其功能，讲述故事或整合服务。

一方面，我们会更多地接触到用来彰显品牌的前卫建筑及设施；另一方面，小型独立商店也能成为体验场所，消费者在那里可以更好地了解品牌和产品，购买不再是唯一的访问理由了。那么，小甜品店在营业时间以外为甜食爱好者组织培训课程又有何

不可呢？鱼店为什么不能组织课程来教授大家如何清理、切割、烹饪和品尝鱼肉呢？服装店为什么不能提供私人造型师服务，即在订购和交付之前以数字版本为客户选择服饰，如果客户不满意，还可以退换货？正如我们将在下文中看到的，将销售点转变为目的地化的商店并不是大公司独有的特权。即使是那些资源有限或希望投资回报更迅速的人，也能充分利用这一原则，从而创造价值。当然，这样的话，一方面要进行明智的投资，另一方面要建立一个电商网站，让那些与商店建立联系的顾客能在体验之后完成购买。

总而言之，"目的地化"就意味着采用实体店的新概念作为消费者和品牌之间的创意聚会空间。实体店**成为人们可以沉浸其中的迷人目的地，品牌的价值从中得到彰显。成功的秘诀不再是销售额的增长，而是背后的故事的讲述。**实体店变成了一个可以获取知识和建议的空间，其中也包括与产品相关的赋能体验，这就是我们说的娱乐式营销。结合有效的故事讲述和直接体验，零售企业可以激发消费者的欲望和智慧，他们想要体验或拥有一些特别的、有价值的和真正有意义的东西。

4

忠诚化

"

把你的工作做得好到让
所有人都想和朋友一起
再次欣赏。

"

——沃尔特·迪士尼
（Walt Disney）

BE LOYAL

　　"忠诚化"是指与任何接触我们业务的人，无论是客户、合作伙伴还是供应商建立和维持互信关系。

　　在预连接时代，忠诚度通常仅由客户端保留，并以回购比例来衡量。但是在今天，它在另一个方面得到了丰富：客户拥护。这个词在市场营销中显然不是一个新词，而且我们提到过，它是新型客户旅程的 5 个"A"之一。所谓"口口相传"向来是最基本的营销方式，并且被一些人认为是世界上最古老的广告形式。但是，在互联网和社交媒体时代，这种现象的规模要大得多。从这个角度来看，忠诚度还可以理解为愿意向他人推荐品牌的意愿。虽然不能确定客户是否会购买某个产品或者不断回购某个产品，但是如果他感到满意，就愿意为熟人以及与他有相似兴趣的陌生人提供建议。

　　尽管这种趋势非常明显，但是许多品牌和零售企业似乎很难利用这种优势。在许多情况下，促销和优惠措施是利用过时的、非数字化的逻辑来设计的，并不会刺激大家分享体验，因此也不会促进拥护过程。想想传统的积分收集制或典型的会员卡制度，即使它们可以成功实行，也无法让公司发挥数字工具的潜力，即通过数字工具捕捉客户偏好，调整忠诚度计划并从中获益。这两种概念之间的差异来自一项研究，该研究证明了一个重要事实：虽然 73% 的客户认为忠诚度计划体现了企业对他们的重视，但 66% 的营销人员认为这是客户对企业承诺的明确体现。因此，这里明显存在着一个很大的误解，即使不完全相背，这两个角色在同一问题上所表现出来的意义也是完全不同的。企业面临的重大风险显而易见，即可能会失去建立在公众增值关系上的竞争优势。

不过，我们也可以观察到一些积极的情况，迪卡侬公司就是一个例子。它举办了一项名为"运动日"的免费活动，参与者都能拥有会员卡。该活动每年都会进行，其中有自行车、攀岩、健身、网球、骑马等活动供人们参与。因此，迪卡侬公司为忠实的客户提供了学习新项目、参与产生价值的活动的机会，同时这也与其业务保持了高度的一致性，从而创造出超越交易的体验，使其品牌使命具体化，并与合作伙伴建立了稳固的联系。

另一个有趣的案例是乐高公司。如果说迪卡侬公司的目标是将粉丝聚集在一个实体位置上，那么这个丹麦玩具品牌的目标则是利用品牌的核心价值，比如创新、创造力和想象力来建立一个数字社区。于是一个名为 LEGOideas 的平台诞生了。在平台内部，粉丝们可以发布自己的设计项目，并期待自己的想法被付诸实践，进行量化生产。要实现这一点，需要上传照片和创作说明，并获得至少 1 万个社区成员的同意。然后，该项目将由乐高团队进行审查，如果被选中，其所设计的产品将在全球范围内进行生产和销售。品牌方承诺他们会向其创作者支付一定比例的未来收益，即版权费用。在这种情况下，很明显，忠诚度概念是创新的关键，从而激发了上述口碑营销的动机。

这些例子说明了**忠诚度计划是如何从单纯的交易层面和金钱利益中脱离的。对于公司来说，这项任务很艰巨，要将其与更多围绕客户利益设计的情感机制结合在一起。**

为了满足顾客现在的和潜在的愿望，更有远见的经营者彻底

转变了视角，从忠诚度计划转向了会员俱乐部。 在这里，忠诚有了新的含义，并在各个方面改变了人们的行为，正如亚马逊金牌会员所展示的那样。这是一个特别重要的案例，因为该公司吸引了超过 1 亿的客户，这些客户分布在不同的国家，他们全都愿意支付 20～100 欧元的年费来获得金牌会员服务计划并享受该平台提供的所有便利条件。此外，有数据表明，出于投资最大化的考虑，金牌会员用户的购买频率是非金牌会员用户的两倍。大多数人选择该服务计划的原因是货物在 24～48 小时内即可到达，而且其免费配送服务的适用范围包括上百万种产品。但是越来越多的用户决定加入该计划是因为他们对金牌会员系统的其他方面非常青睐，比如书籍、云存储服务以及流媒体音乐和视频。然而，最有趣的结果却与所谓"亚马逊优先"的心态有关，事实上，每两个互联网用户中就有一个声称，当出现购买需求或欲望时，他们会首先在亚马逊上搜索，而不是其他平台。此外，有五分之一的互联网用户声称他们减少了在其他零售平台上的购物次数，并主要依赖亚马逊。

虽然亚马逊金牌会员是一个很难效仿的模式，但很明显，会员俱乐部模式是所有零售企业将客户与其业务联系起来并提高其长期营业额的关键因素。耐克（Nike）公司就是一个典型案例，该公司创建 Nike+iPod、耐克健身俱乐部（Nike Training Club）、耐克跑步俱乐部（Nike Running Club）来增加与客户的互动，为客户的训练和营养计划提供建议并跟踪其身体参数，等等。在耐克公司看来，客户的交易目标和购买动机都不重要，因为公司的意图是要推广服务和提供品牌体验。

这类服务的成功率正在不断提升。该结论是由 WPP 集团旗下的全球营销数据库运营领导者伟门公司（Wunderman）推动的一项研究得出的。研究证实，**忠诚度计划不再是指顾客对品牌的忠诚度，而是指顾客通过各触点获得体验来对其品牌进行定义。**因此，企业的关注点从营销组合的传统杠杆转移到了更复杂的客户体验领域。事实证明，有 90% 的人希望可以与不断设定新标准的品牌建立联系，而其中 75% 的人将这些标准定义为"更高水平的客户体验"。

另一个证明忠诚度、客户体验和经济效益之间存在密切联系的指标是品牌体验效果评估（BEA，Brand Experience Assessment）。该项目由品牌体验机构 AKQA 公司（隶属于 WPP 集团）意大利总部与 SDA 博科尼管理学院（SDA Bocconi School of Management）联合推出，它能确定品牌在客户体验方面的表现，并将其与客户的购买意图联系起来。后者被认为是最有可能体现销售增长的指标，因此被用来衡量其对业务的影响。然而，还有一些其他的相关行为，包括"口口相传的意图"，并不会直接带来经济回报，而是类似于忠诚度计划的概念，可以被理解为拥护行为。此外，显而易见，零售企业在客户体验和竞争中投入的资金越多，与它积极接触的人就会越希望保持并加强这种关系。因此，为了赢得忠诚度挑战，品牌必须创造有意义的体验，而不仅仅是依靠经济交易和过时的投入—回报模式。通过遵循这种策略，品牌将越来越不被自身想要传达的内容所定义，而是越来越多地由人们通过从该品牌及其产品中获得的体验来定义。

最后，我们还可以从更广泛的意义上来分析"忠诚化"原

为了赢得
忠诚度挑战
品牌必须创造
有意义的体验
而不仅仅是
依靠经济交易和
过时的投入一回报
（Earn and Burn）模式

则，企业**不仅要关注客户，而且要更广泛地关注其他利益相关者，例如员工或供应商**。事实上，零售企业可以通过与所有对业绩有贡献的人保持良好关系来提高业绩。

最近被亚马逊公司收购的美国有机食品连锁店——全食超市成立了一个名为"口味测试者"的专业小组，来保证其所销售产品的质量。为了组建该团队，企业选择了最善于与客户建立关系的员工，也就是说，他们对消费者具有特殊的观察力，因此更加了解其期望和口味。小组成员要评估产品的质量和风味，努力使其符合客户的期望。到目前为止，其成果是可观的，一年节省了900 万美元的研发费用。全食超市口味测试小组的例子说明，零售企业可以从忠诚度原则中获得实实在在的好处，还可以与员工建立信任关系，并通过他们的知识和技能来重新定义业务流程。全食超市还策划了一个名为"地方贷款计划"的方案，该计划在许多方面为农民和其他生产者提供具体援助，支持其小规模的独立活动，从创建包装到联系最好的零售企业，从而推动他们扩大业务，为以后的商业关系打下基础。

总之，我们可以说，忠诚度计划非常重要，可以为零售企业及其客户带来相当多的好处。然而，应当指出的是，今天同过去一样，这些计划都是基于互易机制的，该机制是一个非正式的合同，历史上较"弱"的一方获得了前所未有的谈判权，并且越来越意识到行使这种权利的重要性。这就是为什么必须对该合同进行更改并重新定义：**忠诚度计划必须成为一个由零售企业提供的、有价值经验的生态系统，以促进人们对品牌或标志的认同和亲近**。相反，与"不忠诚"的顾客打交道的风险要比过去高得多。竞争对手一旦提供便利的服务或促销活动就足够让其他品牌的店铺流量立即减少。根据 IBM 公司的一项调查显示，如果一家企业能够为客户提供免费送货服务，74% 的客户会从该企业购物，即使之前这些客户从未买过该企业的产品。但是，一个能通过对所有利益相关者和环境采取有形和无形行动来打造强大亲和力品牌的零售企业，可以依赖目标受众更高的忠诚度，因为受众如果认为该企业的活动更符合其价值观和需求，就会通过购买其产品来表示认可。

5

个性化

> 接近你的客户，在他意识到自己需要什么之前就提出建议。

——史蒂夫·乔布斯
（Steve Jobs）

BE PERSONAL

消费者在不断地改变他们与品牌之间的关系，数字技术的出现大大加快了消费行为的改变，也提高了人们对产品和服务的期望。大多数人，特别是千禧一代，都期望能得到个性化的产品和服务，让自己看上去与众不同。获得个人的认可并根据其特定爱好和需求设计商品是建立人与公司之间持久关系的先决条件。由于存在各种各样的替代品，人们不再愿意考虑那些与其期望和消费习惯不符的品牌、产品和服务。

考虑到这一点，现有供给的深度和速度已不能满足消费者的需求了，因此，零售企业必须改变策略，从一对多的方法（大众市场的典型特征，具有一定的标准化）尽可能转变为一对一的个性化解决方案。这种观念上的转变会引发组织进行各个层面的深刻思考。

通常情况下，"定制化"和"个性化"这两个术语可互换使用。但其实二者的意义有着实质性的显著区别。定制化是一种功能，允许用户在给定数量的可选方案中选择特定的组合。然而个性化的特点在于隐性地使用收集到的关于消费者的信息（例如凭借其以往的选择或对其风格和偏好的分析）来预测其期望，并提供一个最令人满意的解决方案。因此，就消费者的选择而言，定制化是一种"反应性"特征，而个性化则是"主动地"让人感到惊喜和愉悦。

定制化的一个典型案例就是 NIKEiD 项目，它能让顾客根据自己的品位和偏好并结合网站提供的一系列选项设计一双鞋子。

这项服务诞生于 2012 年，旨在让消费者成为自己的鞋子的"设计师"，现在这项服务已从纯数字化环境转向实体店，如耐克商店。凭借这项服务，耐克能够积极地满足顾客的需求，并使得顾客在产品组装上多花 30%～50% 的钱。企业的收入增加了，买方对服务也更满意了，这是一个双赢的解决方案，还能强化顾客的忠诚度。

与此不同的是，亚马逊的"为你推荐"功能，这是一个基于一系列算法的系统，可以通过交叉引用客户过去的行为数据与"相似"客户的购买选择数据，从而积极地根据客户的偏好和兴趣精准地为其推荐商品。值得注意的是，将这两个概念结合起来往往可以获得更佳的效果。在这方面，我们以网飞公司为例。这个知名的视频点播网站实际上能够根据观众在注册时表现出来的喜好向其推荐影视剧（定制化），然后随着时间的推移依据观众的播放内容进行动态调整（个性化），最大限度地向观众提供有趣的内容。据网飞公司负责产品创新的副总裁托德·耶林（Todd Yellin）说，多达 80% 的用户信任该平台的推荐，他们最终在没有进一步研究的情况下选择了该影视推荐。从收集到的数据来看，在确定想要观看的内容之前，普通用户只会浏览数千个标题中的 40～50 个，因此，在正确的时间给正确的观众展示相关内容，对品牌来说至关重要。

这些思考是很有价值的，对实体店也很有启发和参考作用。实际上，我们可以假设一个场景：零售企业拥有分类产品的"基础"版本，并顺应所谓 DIY 发展趋势，建议人们在店里根据自己的喜好完成这些产品的设计。或者，再灵活一些，零售企业可能会通过电子邮件或社交媒体联系到一些潜在客户，并在离他们居住地最近的商店中，依据来自数字渠道和实体渠道的数据和信息，专门为他们提供产品或服务。

零售企业有机会探索越来越多的解决方案，以便根据客户偏好的变化调整对他们的供给，这一点变得日益重要。实际上，现在人们将定制化视为最低要求，而将个性化视为表达自己身份的机会。

在某些情况下，个性化供给还可以为客户节省时间和金钱，因为它将采购流程限制在与客户偏好和消费能力相对应的产品上，从而简化了购买过程。说到个性化供应的解决方案，为了拉近人们与企业之间的距离，重要的是选择能将个性化信息与人性化因素相结合的方法，使其更加有效。例如，如果数据分析系统可以自动地向个人发送促销信息，那么根据自然语言处理（NLP，natural language processing）原则来设计它们就变得非常重要。自然语言处理属于计算机科学和人工智能的学科领域，它专注于计算机和人类之间的交互作用，目的是使其尽可能"自然"。公司开发聊天机器人以便为客户提供更快、更高效的服务也是同样的道理。否则，人们只会感觉自己是市场活动的被动参与者，个性化接触也只是一种表面的解决方案，自己对企业所要表达的内容完全不感兴趣。

然而，通过对人性化关系的关注来使个性化交互更加真实和有效的行为绝不能局限于语言交流，这一点我们将在"人性化"原则一节中进一步讨论。

很明显，企业根据上述原则来开展供应和营销活动时，需要重新调整所有流程。对于零售人员来说，果断地改变心态是非常必要的，这必然意味着他们在商店和客户服务中将采取不同的方法。他们与消费者进行互动，使服务优先考虑人的需要，而不是公司的需要，这就意味着要尽量减少使用规范、章程和技术。企业应当记住：交易对象不必了解企业或行业的逻辑，也不必掌握与产品和服务有关的所有信息。例如客户在选购电视时会问销售人员这些设备能传输哪些多媒体内容，需要连接哪些配件以及放在什么位置上。此时，销售人员要避免将讲述的重点放在诸如屏幕尺寸或屏幕类型等技术细节上，因为大多数人都不熟悉这些概念。企业应当依靠员工的专业知识，根据潜在客户基于简单、自然的语言所表达出来的需求，构建出理想的模型。

在商店内，企业也可以利用所谓**邻近性技术**，该技术可以使企业通过客户的个人媒体，即智能手机，直接与其进行联系，而且其中一部分技术已趋于成熟，并被证明是与客户建立个性化联系的有效工具。这里我们特指的是 Wi-Fi（无线局域网）、RFID（射频识别）、NFC（近距离无线通信）和蓝牙技术，在某些情况下还包括能够监视商店内部情况的摄像头。这些工具，特别是在协同使用的情况下，可以使企业与用户建立联系以及个性化关系。这种关系可以通过有针对性的重新定向活动在客户访问商店之前开始建立，在客户选购商品及商店发货期间得以发展，并在以后逐步维护。这些技术除了可以给客户的智能手机发送准确的商业信息，通过它们收集的信息还可以增加零售企业及其商品的曝光率，并突出店内的"热门"区域。

一个有趣的例子是丝芙兰公司推出的"美容内幕"项目。该品牌提出的忠诚度计划能让顾客直接在智能手机上填写个人资料，公司从中收集顾客使用美容产品的相关信息，例如肤色或会引起过敏的化学物质，然后对这些信息进行处理，并向顾客提供符合其需求的优惠和促销活动。不仅如此，顾客还可以将自己喜欢的商品保存在一个可以直接与商店同步的虚拟"化妆包"中。一旦顾客走进店内，其智能手机就会被识别，店铺工作人员就可以为其提供个性化的支持。

另一个通过数字技术完美响应客户需求的案例来自耐克公司。2018 年 7 月，这家运动服装巨头在洛杉矶一个著名的购物区开设了一家商店，将耐克打造成了一个以数据为导向、直接面向消费者的品牌。这家店被命名为"梅尔罗斯耐克"（Nike by Melrose），不仅因为它位于梅尔罗斯大道上，还因为这家商店实际上是由当地人建造的。事实上，公司的决策，从商店的位置到产品供应的方方面面，都基于对该地区与耐克公司进行互动的客户的数据分析。例如，了解到这一区域最受欢迎的耐克鞋的款式，公司就提高其在商店中的库存量，通过一种灵活的方式来主动适应消费者的需求。梅尔罗斯耐克还是一种"即时概念店"，能够让实体购物和数字购物相融合：空间内的一切都与客户可下载到智能手机上的 Nike + 应用程序完美契合。客户在网上预订商品后可以通过智能手机查询提货点，浏览商店的库存或在商店的特定区域寻求售货员的帮助。该功能还可以让客户通过手机接收到个性化推送，使其发现与自身偏好和风格相关的产品。有数据显示，这种个性化机制的转化率比迄今为止耐克测试过的其他方法都高出 40% 以上。简而言之，这家商店的运行模式展现了将数字化机制应用于实体空间的想法。而且，该应用程序生成的生态系统使耐克公司能够以个性化的方式帮助客户，指导和激励他们，为他们提供建议，并将他们转变为耐克社区的成员，而不是客户。

英国奢侈品零售企业发发奇（Farfetch）公司还致力于利用最新技术来为顾客提供个性化的体验。该公司最近在伦敦和纽约开设了旗舰店，旨在收集有关访客的大量数据，实时提供个性化购物体验，并通过智能手机传达与品牌和产品相关的信息。顾客在手机应用程序上通过单一登录认证进入。发发奇公司依靠智能手机和货架上的 RFID 传感器发出的无线电频率来跟踪他们的移动，识别购物者与商品的交互，自动将相关商品加入设备内专门创建的"心愿清单"。最后，清单上的商品将被送到配有交互式数字穿衣镜的智能更衣室，顾客可以查看颜色变化，并在必要时与销售人员联系。

以上案例表明，销售点相关体验的重大转变，可能会带来所有客户的实际购买。但商店并不是检验所有使个性化服务变得有效的技术工具的地方，并且这些支持技术的发展速度非常快，很快就会过时。我们还是要强调，重要的是目的，而不是手段。无论在什么情况下，我们的目标都是朝着个性化的方向发展，并用人性化因素，使这种 30 年来几乎没有变过并且与之前设计的一对多方法相关的体验变得更加丰富多样。

6

策展化

" 在一个内容无限的世界中，人们正在寻找一站式商店。

——迈克·卡普特
（Mike Kaput）

BE A CURATOR

正如我们之前所看到的，数字化转型的两个主要特征是消费者期望值的上升和市场进入壁垒的减少所导致的市场竞争，而这反过来又受到技术民主化①的支持。从零售企业的角度来看，除了这些特征之外，至少还有三个关键方面需要认真考虑。

第一个方面当然是维度。在展示的广度和供应的深度之间存在一种线性关系，这种结合形成了重要的竞争优势。但大量事实表明，这在今天已经不再有效。一方面，数字技术能够提供虚拟的供应深度，例如，商店可以展示一定数量的产品，并通过店内或网页上提供的数字目录来显示其变化。另一方面，城市化是一个越来越有影响力的现象。到 2050 年，城市人口将比今天增加约 25 亿。人口逐渐向大都市集中，这让本已经是高密度人口聚居区的地区对住房和商品产生了大量需求，房地产成本也随之增加。实体店越来越难以承受大面积维护的费用，这就迫使其店面变得越来越小。因此，实体店可能会朝着类似于展厅的模式发展，成为通过提供吸引人的体验来彰显其品牌价值并只展示有限数量商品的场所；或者，在其他情况下，成为服务中心，人们可以在这里开展与企业产品相关的各种活动，解决技术问题，提取或退回网购产品，与有经验的员工互动，

---

① 技术民主化是芬伯格提出的看法。他认为，技术霸权的出现实际上是在用一种温水煮青蛙的方式侵害普通人的利益。但实际上，技术的发展并不一定导致技术霸权的出现，技术有着一种"民主潜能"，有着技术的革命性、多元性，而这种革命性和多元性能够为社会实践提供广阔的空间，帮助消解技术的霸权地位。

等等；再或者，成为物流中心，对网购的商品进行分类整理，从而缩短交货时间。

当然，实体店的选址也受到与城市化进程相关的先决条件的影响，因此，现在许多位于远郊区的门店正在评估在离城市中心较近的地区建立门店的成本，但因所需成本较高，所以店面会比较小。

除此之外，传统店面的闲置空间和库存产品的负担也越来越重，而这些又牵扯到长期贷款和租金成本。这些成本迫使许多零售企业放弃对客户体验的投资，转而采取激进的价格竞争手段，这反而会让它们在竞争对手面前不堪一击。在这一方面，还应考虑到数字化竞争对手所施加的压力，这些竞争对手在服务质量和价格竞争中都处于优势。上述情况都处于买方对便利性期望很高的背景之下，他们不仅要求优惠的价格，还要求邻近性、即时性；就优质产品或服务而言，他们还要求具备方便灵活的选择（例如，一个小时内的送货服务、简单且免费的退换货服务、快速有效的售后服务和多种付款方式）。

限制传统零售企业发展的第二个方面是所谓幕后零售。这个概念涉及大量低周转率产品，也就是说这些产品很少有人购买。据估计，在大型超市中，总共有 35 000～40 000 件商品，其中 500 件商品的销售额就能占到总销售额的 30%；1 000 多件商品的销售额几乎占总销售额的 50%，剩下的就成了所谓"长尾巴"商品。尽管展示这些"长尾巴"商品对商店的盈利能力并没有显著影响，但展示这些商品的主要目的是提供更多的选择并营造出丰富感。这种情况存在于很多行业中，虽然每个行业的规模和特征各不相同，但各个行业都存在这种情况。直到几年前，它还一直受到客户的赞赏，但对于零售企业来说这是一种结构性的效率低下。如今，将大量商品固定存放在日益昂贵的空间中已变得不再经济——尤其是考虑到数字化可以提供更有效的选择，这对商业可持续性来说就变成了一个严峻的问题。

最后，零售企业要考虑的第三个方面与产品供应有关。在过去的几十年里，我们见证了销售网点数量的激增，但其商品几乎没有创新，所以这种激增的意义并不大。而且其通常依赖的竞争优势更多的是与功能性和物流方面相关，而不是与创造真正独特的销售理念相关。在这个通过互联网几乎能够轻松获取任何产品的世界里，将产品和服务以一种独特的组合方式结合起来，比试图在产品的生产数量上与数字化经营者开展竞争更为明智。如果企业继续专注于深度且无差别的实体供应模式，不去利用商品搜索方面的数字商务优势（搜索引擎、评价、附加服务等），最终就会让客户面对过多的选择。人们对过多的选择感到迷茫，难以做出明智的决定，因此会转向规模较小的商店，因为这样的店铺能够提供垂直供应，并且有其特有的经营逻辑——经营者们能逐一帮助顾客体验购物旅程。所以这就导致了向零售业发展初期的一种回归，其中，小型专营店成了主角。

现在让我们回到大背景之下：市场正在逐渐远离批发式的传统消费模式，并越来越青睐以相对较小的数量创建利基品牌和产品。有些研究解释了成熟市场是如何不可避免地演变成一个小市场群的，而这些小市场从不同方面反映出了当今消费者所具有的众多身份特征。再次流行起来的所谓"利基营销"是基于这样一个假设：人们希望被品牌和零售商所接受，换句话说，他们希望在相应的概念中反映出自己的热情和偏好。这与零售企业目前的经营方法相对立，因为现在的经营方法仍然是在争取最大数量的客户。然而，需要说明的是，"利基"一词不仅仅指狭窄的细分市场，还指对明显的特定需求的关注。

在一个以商品无限量供应为特征的数字化世界里，企业必须精选突出的产品和服务进行供应，还需要对本来无差别化的供应增添特殊性，使其可以在多个线上商店中很容易被找到。

采用这种特殊的垂直化形式意味着企业能够依靠独特的供应体系、高附加值以及无法被复制的购买体验脱颖而出。但这还远远不够。作为策展人，零售企业还必须将其产品置于对消费者而言具有视觉魅力、有连贯性和能够促进消费的环境中，进而与消费者建立真正的情感联系。

策展化为企业提供了一个机遇：将实体空间的缩小、低效和竞争无差别化的问题转化为自身优势。因此，当前市场格局所带来的风险因素有可能转化为机会。 在许多大城市，我们能够看到这一现象：一方面是专营店的蓬勃发展；另一方面是相对有限的货量。但是它们能与最新一代的服务结合。例如，即使是那些并未在实体店内展出的商品，也能在几小时内进行产品定制或交付。我们可以推测，在未来几年，"策展化"将变得更加普遍，并将重新设计世界上许多商贸路线。必须再次强调的是，我们所讨论的不仅仅是围绕策展人提出的概念来选择一定数量产品的可能性，更是为了促进相互合作而选择的产品和服务组合，像调制独特的鸡尾酒一样，别具一格地体现企业或品牌的价值主张。为了实现这一点，策展人必须能够对其商业战略做出明确的选择，请回答以下问题：

（1）谁（who）：谁是我的目标受众？或者谁不是？

（2）什么（what）：什么是我的商业计划的一部分，什么不是？

（3）如何（how）：如何销售产品和提供服务？

请注意，此时的重点没有放在战略性特征方面。如果企业不能做出明确的决定，将无法表达其真正的独特价值，因此策展也将失去意义。当然，这并不意味着企业要放弃为非目标客户提供服务，也不意味着企业在面对与其主要销售方式略有不同的市场需求时就要表现得很强硬，但我们却要求企业能果断地将投资集中在所选择的组合上，以使其成果最大化。正如我们已经强调过的那样，零售企业提供具有高度差异化的商品也是在有效地应对实体竞争和数字竞争对手带来的竞争压力。因此，要实现这一点，就必须特别注意"谁""什么"和"如何"的组合，因为它能让企业占据一个对于某些受众而言意义重大且与众不同的位置，还能抵抗竞争压力。举例来说，一些商店会根据特定的利基市场来调整供给，在具有独特功能的"系统"中整合产品和服务，从而将商店转变为目的地。

企业关于"谁"的选择可能会基于不同的变量，只要能够满足顾客的差异化需求即可。举个例子，我们可以联想到那些专为有某种特定爱好的粉丝们提供服务的销售网点，或者为有特殊生理需求的人提供服务的商店（比如左撇子商店或高个子商店）。

牛蛙公司（Bullfrog）就是一个典型的例子，这家理发店品牌把目光转向了胡须护理这个利基市场。该连锁品牌的第一家商店于 2013 年在米兰开业，并成功地将经典的美国理发师概念与意大利传统相结合。在这家面积只有 22 平方米的门店里，顾客们能得到很好的胡须护理，并有机会试用一系列产品和工具来帮助他们在日常生活中打理自己的形象。在意识到该利基市场的服务对象都是充满热情的人之后，牛蛙公司决定通过电子商务来销售其产品，以便顾客能够远程购买。基于同样的策展人原则，这个品牌正在进军国际市场。

很明显，这些策略对于零售行业来说并不新鲜。但是在我们看来，在数字时代，成为一个利基市场供给方的策展人是一个很有趣的商机，也能有效地理解消费者的意愿。还应注意的是，转向利基市场并不意味着一定要被迫接受小的客户群体，因为在今天，企业有可能为世界上不同国家的小众群体服务，而不必处理所有复杂性问题。

专注于特定的细分市场可以帮助零售企业更准确、更及时地管理"如何"这一阶段，并制定出隐性的高服务标准，这是专业程度较低的竞争对手难以效仿的。一方面它存在进入壁垒；另一方面它也可以证明高端定位的合理性，并产生边际效益。

关于这个话题的一个有趣案例是费城附近的添柏岚（Timberland）TreeLab 店铺。这家店的独特之处在于它会定期讲述不同的故事，该门店每 6～8 周就会进行一次彻底的整修和翻新，从而提供符合准确定位且全新的添柏岚品牌产品。因此，这家门店被设计成一个模块化的空间，定期根据品牌选择的故事进行调整。该品牌门店要求工作人员利用这些故事为顾客创造一种迷人且难忘的体验，在这种体验中，购买行为被视为该过程自然而然产生的结果，而不是一种职责所在。

因此，"策展化"原则的优势在于提供符合特定利益的重要的消费体验，并为客户体验建立高质量标准。这就是商店从必要场所发展成为目的地之后，商家的角色也随之转变的原因。要想实现这个目标，人性化因素必不可少，"经营者"必须升任"策展人"的角色。也就是说，他必须将传统的选择、供应和销售技能与所有必需的技能相结合，来完善围绕独特体验而开发的产品和服务体系，并能够不断自我更新，始终保持与目标受众的情感联系。这是一个类似于艺术策展人的角色，也是产品和服务供应体系的管理者和代言人，该体系在一个独特的叙述性框架中发展，品牌在其中扮演关键角色。

7

人性化

"

人类仍然是杀手级应用。

"

——沙斯·詹姆斯
（Chase James）

BE HUMAN

"人性化"原则意味着一家公司要意识到，在今天，数字化是一切，但不是所有东西都是数字化的。事实上，随着数字化的颠覆和技术民主化进程的发展，人性化因素很可能成为许多行业竞争优势的主要来源。因此，我们认为，零售企业应主要投资于服务，既要注重店内的设计（必须体现以人为本的设计理念），又要注重销售点员工所谓软技能的培养。同时，企业还必须考虑如何成为其经营所在地的社区标杆。消费者对企业的社会责任日益敏感，这也要求我们从广义上审视盲目追求利润最大化对人们的影响。

所以，对"人性化"的呼吁，恢复了人在价值链各个环节中的中心地位，因为随着数字化的发展，人们对人际关系的关注也会增加。鉴于其特点，零售行业无疑是能绝对体现这一原则的领域。为了更好地理解此概念的范围，我们认为有必要集中讨论一下3个"S"：服务（service）、社会性（sociality）和可持续性（sustainability）。

因此，"人性化"原则的第一层含义与服务的标准，即顾客店内体验的标准有关，这显然也与店内工作人员的角色有关。在这方面，我们要遵循以人为本的设计理念，在设计的所有阶段都将人的地位置于公司的地位之上。这样做的好处之一就是能够简化购买者与产品和服务之间的关系。例如，技术的功能性特征以人性化的表达和逻辑方式来展现，而不是以符号、数字、代码或首字母缩略词来展现。或者，展区和商品陈列在进行设计时应优先考虑人的想法。一些零售企业，例如宜家公司就是如此，他们按照房间进行分类，营造真实的家庭或办公室环境，并提供一系列可以批量购买的产品组合。通过这样做，这一瑞典品牌简化了顾客的选择过程，按照"自然"的逻辑为那些不得不购物的人提供产品。

美国运动服装零售商露露柠蒙公司（Lululemon）的做法也同样有趣。该公司根据某种鞋子可以给特定人群带来的好处，而不是更传统的标准（例如技术要求或使用场合），对店内的商品分类进行了重新设计。这种方法完美契合了全方位渠道，并创造了易于被人们接受的客户体验，因为该方法侧重于以自然选择的形式呈现价值理念。

在这种情况下，员工起着决定性的作用，他们可以使体验更加令人满意。埃森哲战略（Accenture Strategy）进行的一项全球研究表明，有 73% 的消费者更喜欢在商店中通过与人面对面互动来解决问题，寻求建议并获得产品和服务方面的帮助。另外，还有这样一个事实证明了市场对高素质销售人员的需求：五分之三的客户表示，他们愿意为实现与业内有能力的人面对面对话而支付更高的费用。这种对员工附加值的关注意味着销售人员的缺乏或低效率沟通会严重影响客户体验，从而影响产品的销售。如果客户在社交媒体上分享负面体验，还会使这种风险加剧。

除了要对所提供的产品和服务有深入的了解外，（客户要求）销售人员还要表现出积极性和热情。实际上，将近四分之三的受访者认为，得到有礼貌、有教养的人的帮助是获得良好的店内体验的必要条件。**数字化企业倾向于在其触点群中增加实体店，原因之一就是经营者们意识到了人际互动对加强品牌与人之间关系的重要性。**此外，在不久的将来，商店内工作人员的许多工作可能会被软件、人工智能或机器人所取代，所以员工就可以专注于依靠与购买体验息息相关的典型人性化特征（例如同理心和创造力）来为客户服务。

　　"人性化"原则基本维度中的第二个"S"是 社会性：我们认为零售企业志在成为其经营所在地社区的标杆。如有必要，商品的展区和销售空间可以用作人们的聚会场所。有许多公司正在建立真实的社区，用于向公众提供根据其品牌价值定义的活动和计划。苹果商店的活动就是一个例子，它们会举办关于产品使用的研讨会，还会提供关于编码、音乐和摄影的课程。在该品牌的网站上有一个完整的板块叫作"今天在苹果"，顾客可以找到最近的苹果商店，查看丰富的活动日程，从艺术设计到商业活动，各种主题应有尽有。

　　更重要的是，苹果旗舰店于 2016 年在旧金山联合广场开业。该店还有一个名为"广场"的室外区域，24 小时向公众开放。这里配备免费 Wi-Fi 和座椅，吸引人们参加每周组织的各种音乐表演活动。因此，这个来自库比蒂诺（Cupertino）的品牌虽然处于幕后，却成了主流社交和社区时刻的推动者。这一概念非常成功，苹果公司决定将其复制到海外，并选择在米兰打造这种创新性的建筑空间。2018 年，该品牌在自由广场开设了新店。这所建筑的独特之处就在于它非常隐蔽，以至于人们很难发现它，因为它隐藏在一座巨大的喷泉后面，喷泉的水流形成了两堵高高的水墙。这种设计理念是对意大利广场的致敬，也体现了米兰城与其运河之间的紧密联系。因此，这个地方的主角仍然是广场——一个永远开放的空间，一个人们可以坐下来放松和会面的现代圆形剧场。在苹果公司的概念中，像这样的商店必须成为人们可以分享热情，发现新事物并增强技能的地方。

在数字时代，社会性需求具有决定性作用，所以一家年轻的意大利公司决定以此为基础推广其价值理念。我们说到的这家公司就是纸牌比萨社会（Briscola Pizza Society）。该品牌来自意大利，颇有征服欧洲各国首都的雄心。品牌团队在推广比萨饼店的经营理念和设计菜单时把重点放在了产品共享上。比萨饼店一直是社交和聚会的场所，但是该品牌提供了一种非常独特的体验方式，允许人们自行选择比萨饼的配方，这样人们就可以享受到不同口味的小比萨饼。因此，一大群朋友可以订购许多小比萨饼，从而品尝到各种配料和饼底的组合。

现在我们来讨论一下第三个 "S"：可持续性。这一概念强调要努力确保资源开发、投资计划、技术发展方向和体制改革与我们所生活的世界以及子孙后代的发展相协调。企业必须保证它们能按照这些原则经营，并密切**关注其经营模式对环境、社会和经济造成的影响，同时还要考虑所有的利益相关者**。当我们联想到数字时代的透明性，所有人都可以很容易地在网上制造和传播信息以及这些内容的传播速度之快，这个话题就更具有现实意义了。事实上，在一个不断互联的世界里，关于一家公司不负责任的行为的新闻可能在几个小时内就会传遍全球，使其声誉受损，进而影响其业务。2015 年 9 月，以大众汽车为主角的柴油门事件就是一个典型的例子。这家公司被发现通过伪造汽车的二氧化碳排放值来掩盖其对环境的潜在破坏，它因此遭到了猛烈抨击。短短一天的时间，在法兰克福证券交易所中，该公司的股票市值蒸发了

150亿欧元。

千禧一代似乎再次成了社会变革的试金石，他们最能接受这种新型的商业运作模式。实际上，他们中的大多数人认为可持续性和商业道德对企业来说是非常重要的。而那些无法证明自己能与可持续发展问题协调一致的公司可能会被这类重要客户排除在外。正如普华永道公司指出的那样，**多达80%的千禧一代认为，企业没有充分告知消费者它们对可持续发展的承诺，而消费者希望零售商能通过网站、社区和商店提供能证明其在可持续发展方面的信息材料。**

即使将分析范围扩大到更大的群体，这种现象仍然很明显。爱德曼（Edelman）公司在2017年进行的一项综合研究表明，57%的消费者会因某品牌在社会和政治问题上的立场而选择购买或抵制其产品和服务，而65%的消费者表示，他们不愿意从一家在有关问题上没有表明立场的公司那里购买产品和服务。此外，一半的被调查对象表示，他们热衷于帮助那些与自己想法一致的品牌，以免其受到批评。

可持续性也意味着有意识的消费。全球户外服装销售领域的领导者之一巴塔哥尼亚（Patagonia）公司为我们提供了一个案例。该公司发起了一次巡回之旅，在这段旅程中，一辆面包车行驶在美国的街道上，为大家缝补旧衣服，并组织有关缝补衣服的培训研讨会。该计划非常成功，于是巴塔哥尼亚公司在全国各地的旗舰店都推出了这项服务。这家加利福尼亚的公司为表现出对环境可持续性的关注，承诺将营业额的1%或利润的10%（取决于两者中金额较大的一个）捐赠给环保组织。

这个话题在食品行业也非常重要。例如，旗下拥有依云、

Activia（酸奶品牌）、Alpro（比利时食品企业）等品牌的法国跨国企业达能（Danone）公司已转向可持续性发展方向。正如该公司前任首席执行官兼总裁范易谋（Emmanuel Faber）所指出的那样，人们正逐渐远离几十年来自己一直购买的那些品牌，就是因为它们对社会和环境的承诺缺乏透明度。如今，许多消费者更爱选择那些能够证明其销售的产品对参与供应链的工人和地球资源足够重视的品牌。这就是为什么达能公司从一开始就经历了一个彻底的公司转型过程。这位领导者说，跨国公司的首要任务不再是股东价值的最大化（这是流行的经济和金融理论所希望的），而是让尽可能多的人获得健康的食品，从而使所有利益相关者（消费者、工人，当然还有股东）的利益最大化。

我们并不是说应该忽视对利润的追求。但我们认为，在数字时代，将这种需求置于其他需求之下并非可持续性的。此外，对社会和生态负责的行为还可以带来商业（公众偏好）、经济（更高的收入）和财政利益（许多投资者有义务将其投资的一部分分给被认证为"道德良好"的公司）。

正如你们所看到的，我们希望赋予"人性化"非常广泛的内涵。实际上，企业意识到人性化因素是核心问题，会对企业的经营方式产生相当大的影响。这就意味着企业要反思设计销售体验的逻辑以及商店员工和顾客之间的互动，加强商店在社会环境中的作用，并在整个价值链中始终如一地追求环境、社会和经济的可持续性。归根结底，"人性化"原则意味着我们要认识到技术和数字化发展是一种强大的创新工具，但更应该看到起决定作用的还是人，人们每天都要选择如何使用它们。

8

无边界化

" 只有当我们认识到自己
的极限时，我们才能超
越它们。 **"**

——阿尔伯特·爱因斯坦
（Albert Einstein）

BE BOUNDLESS

我们已经反复强调了零售商根据日益增长的消费者需求来设计或重新设计其价值主张的重要性。**"无边界化"意味着要彻底摆脱这样一个等式：零售＝由墙壁围起来的、处于特定位置的实体店**。如今，物流技术的发展和进步使该行业内的企业能够以高度灵活的方式为客户服务。近年来，我们见证了几个相关试验，其前提都是将消费者置于中心地位并寻求创新方法来满足其需求。

乐购（Tesco，也有泽特易购）公司提供了一个打破传统零售边界的完美范例。这家在国际上非常活跃的英国知名零售集团在韩国推出了它的第一家虚拟商店。韩国人是世界上工作时间最长的人群之一，他们很少有时间外出购物。因此，特易购公司在地铁站、公交站等人们常去的公共场所放置了特殊的广告牌，再现了超市货架。来往顾客可以在等车的同时进行购物，他们只需要用智能手机识别想要购买的产品的二维码，然后商品就可以直接送货到家，他们下班回家就能收到货。所以，特易购公司的这种销售模式能向消费者提供商店里的货品，却没有开店的负担。让超市来到了人们的身边，而不是像往常那样，人们必须去超市才能购物。

该项目实施的前提是：其潜在客户会使用智能手机进行购物、特定的技术开发能力以及在几小时内完成线上购物并送货上门的可能性。最后这一点着重凸显出了现如今送货上门服务的重要性，并带来了一系列新奇模式：

1. 点击订购（click-and-subscribe）：以订购或按需购买的方

式定期获得一篮子商品的供给。

2. 点击提货（click-and-collect）：进行在线购买，并在（自有或第三方的）实体销售点提货。

3. 点击通勤（click-and-commute）：在网上购买商品，并在特定路线的销售点（地铁站或高速公路上的服务区）提货。

4. 点击试用（click-and-try）：在线订购一系列产品，在完成交易前可在商店或家中试用。

5. 点击预订（click-and-reserve）：通过实时检查产品和服务在特定商店中的实用性来在线预订产品和服务。

越来越多的消费者表示愿意考虑订购或按需自动供应计划。凯度消费者指数在《全方位渠道的制胜》这一报告中强调，到 2024 年，美国 5% 的零售行业在线交易将实现自动供应，其带来的经济价值相当于至今仍是世界第一大零售商的沃尔玛公司 800 多家门店的年销售额。这种趋势在零体验产品上尤为明显。这些产品是人们认为差异化不大、不会特别关注的产品（比如日用品），以及经常性购买的品牌或产品，因为它们长期出现在消费者的购物清单中。

为了满足这一需求，亚马逊公司推出了通过 Wi-Fi 进行连接的一键购物按钮，金牌会员只须按下一个按钮便可购买自己喜欢的产品。每个一键购物按钮都打上了亚马逊公司合作品牌的商标，用户可以通过自己的账户直接配置，将其与特定商品关联起来。消费者不必担心家里的日用品用完了没法及时购买，因为他只要在按钮上轻轻一按，这些商品第二天就可以送达，而且无须额外付费。

同样，在这方面，我们可以聊聊一美元剃须刀俱乐部（Dollar Shave Club）的案例。这家加利福尼亚州的初创公司依靠销售剃须刀和剃须产品并送货上门的业务而发家，联合利华公司（Unilever）斥资 10 亿美元于 2016 年将其收购。几位公司创始人觉得，对于大量的潜在客户来说，剃须刀是一种日用品，但他们把购买剃须刀当作一种负担。因此，这家公司开发了每月订购模式，从而减轻了客户定期购买产品的负担。

这些案例表明，送货上门无疑可以为零售商带来机遇，但是也必须看到，并非所有人都能轻松地坐在家里收包裹。许多人无法适应快递员的送货时间，也没有代收服务点帮他们收货。所以越来越多的零售企业设立了大量提供点击提货选择的销售点，允许客户在商店特定区域提取之前网购的商品。

英国连锁百货品牌约翰·路易斯（John Lewis）公司的做法体现了这项服务的具体应用。该公司最近在伦敦的圣潘克拉斯火车站开设了它的第一家点击通勤商店。这家店所处的地理位置比较特殊，可以让来往的消费者（通勤者）在他们上学、放学或上下班的途中路过这家店时拿到从网上下单的商品。对于那些无法到达可提货销售点的客户，一个有吸引力的选择是前面提到的提货点提货模式，其特点是时间比较灵活，可选择的提货点较多以及可由第三方代收包裹。此外，许多快递公司和亚马逊公司自身也都配备了所谓的"暂存柜"，即位于主要城市中枢地区的自助密码储物柜。许多零售企业已经发现这些设施创造了一个可以为其商店增加流量的机会，并开始与快递公司进行合作，提供更多储物空间。

从这个意义上说，意大利初创企业 Indabox 公司提供的服务非常有意思，该公司创建了一个独立的收货点网络，人们可以在收货点收到网购的产品。任何企业都可以免费加入该网络。这对相关方都有好处，在收货方面，消费者获得了一个灵活而全面的解决方案，运营商可以适当收取费用，这也为零售商带来更多的流量。这种商业模式的成功以及能够在意大利主要城市快速扩张都源于以下事实：这是发生在同一社区的居民或邻里之间的一种回归和数字化。过去经常会发生这样的情况：有些人把自己家的钥匙留给邻居或信任的商家（帮他们收货），或者当他们不在的时候将包裹转寄到另一个地址。

考虑到那些希望获得更大便利的人群，沃尔沃公司已经为其客户开发了车载交付服务。该公司可以将客户在合作电商网站上订购的产品直接放入其后备厢。为了最大限度地保证财物安全，网站会生成一个一次性密码（OTP，one time password），只允许快递员打开后备厢放入货物。操作结束后，车主会收到一条商品已交付和车门已关闭的信息。

英国连锁购物中心哈维·尼克斯（Harvey Nichols）公司针对那些没有时间购物却喜欢高水平服务的高端客户开发了一项服务：**点击试用**。购物者可以在网上查阅产品目录，并要求免费预定最心仪的产品。一旦顾客提出要求，时尚顾问稍后就会与其联系，并为其在哈维·尼克斯专用套房内安排私人会面。在那里，客户可以试穿服装或试戴配饰以及试用销售人员精心挑选的其他产品。这样的解决方案也可以用来解决一些客户不愿在收到产品前就付钱的问题，并使零售商可以直接在店内采取追加销售和交叉销售的策略。

我们根据"无边界化"原则，用点击预订模式来完成时跨越实体边界方式的概述。人们可以在网站或手机 APP（应用程序）上实时查看某产品在特定商店中的库存情况，然后在线选择、预订产品并确保配送成功。这种模式显然适用于比较特殊的产品，或者简单点说，对于那些为了一次购物要跑到不同销售点的客户来说，这是一种必要的方式，因为他们不想冒花费时间却找不到想要的东西的风险。

例如，这种模式可以应用于食品行业，尤其是生鲜食品。生产肉类、乳品、糕点等产品的公司可以将电商的优势与当地销售点的特征相结合，在实体店中为客户提供线上选择产品的机会。消费者可以自由选择销售点，核对现有产品或订购店内没有的产品，然后在预定时间提货。这种模式越来越受欢迎，因为人们可以亲自检验要购买的食物的新鲜度。

JDA（一家软件公司）联合圣蒂罗（Centiro）公司在《2017年欧洲消费者脉搏》（*Customer Pulse 2017 Europe*）第三次调查中提供的数据证实，**欧洲人很青睐我们所说的"无边界化"服务，42%的网购者至少使用过一次除送货上门外的收货方式。更有趣的是，24% 的人在商店提货点拿到网购的产品后会在店内继续购物。**

我们认为，超越传统观念上的实体店及其边界这一趋势（如今已经很常见）的是临时性商店。这些商店也被称为快闪店，它们只在市中心繁华地带、购物中心、车站或机场经营一段时间，通常为几周，最多几个月。对于那些没有实体店，正在寻找有效方式来与消费者建立联系的数字零售商来说，这也是一个很好的方式。临时性商店能够满足消费者不断变化的需求，并且通过技术手段弥补供给的不足。借助交互模式，甚至通过增强现实技术和虚拟现实技术，顾客可以查阅线上所有产品的目录。

最后，还有一些经营者通过"流动性"解决方案，利用规模较小的临时性商店来吸引越来越多的消费者，也就是我们说的流动商店。例如在意大利，已经有 23 000 家三轮车或四轮车商店在流动销售，时尚品牌和食品企业将这些商店用于营销和销售产品。欧尚集团（Auchan）也采用了该方案，在城市的主要地区（如大型停车场、办公楼或学校附近）开设了约 3 000 家流动商店，这也是一个展现商店如何离开固定地址并重新定位来满足人们的需求的案例。

上述案例说明，市场主体正在从公司转变为人，即产品和服务的购买者。这些服务模式源自数字化、技术进步和以消费者为中心的想法，但毫无疑问，经常因饱和而停滞的市场以及纯数字化企业施加的压力导致的竞争日益激烈。希望采用这些模式的零售企业在生产和销售两个层面都能做出巨大努力。我们必须再次承认，这需要彻底改变心态。因为从经济角度来看，企业配备这些创新所需的技术设施的投资往往是非常巨大的。在下文中，我们将针对这一方面提出一条原则，该原则能让那些想尝试极具潜力的创新服务的传统公司的风险最小化，并使其潜在成果最大化。

9

指数化

> 不管你的公司有多重要，
> 大多数的聪明人还是在
> 为别人工作。

——比尔·乔伊（Bill Joy）

BE EXPONENTIAL

　　如今的消费者对那些能通过技术、服务和产品组合满足他们的兴趣、生活等方面需求的品牌及零售商表示赞赏。为了有效地满足消费者日益增长的需求，许多经营者正试图通过与其他公司合作来提供更广泛或更丰富的服务，从而增加其服务的价值和效用。这种战略合作伙伴关系可以大大改善客户体验。**"指数化"就是企业要通过与第三方的合作来突破自身的局限性**。该命名来源于美国奇点大学（Singularity University）的几位创始人在同名书中提出的"指数型组织"（Exponential Organizations）的概念。这样的公司，比如优步（Uber）或爱彼迎（AirBnB），能够在相对有限的时间和成本内以指数级的规模扩张，而这一模式主要是通过数字技术和第三方资产的开发来实现的。当然，我们并不鼓励零售企业将自己转变为指数型组织，但我们认为它们可以从对其合作形式的评估中获取一些灵感。实际上，通过与外部合作伙伴的合作，零售企业可以让产品更丰富，也能够在竞争中战胜更强大或更具侵略性的对手，同时也不会增加其结构成本。在这一原则的指导下，零售企业需要找到合适的合作伙伴来帮助其满足消费者的复杂需求。**为了使业务"指数化"，企业可以在两个不同的方向上做出努力：通过新渠道宣传常规产品或者用互补的经验改善其经营。**

　　让我们先来分析第一种方法：产品的宣传和推广。首先，这条路是可行的，这要归功于即服务（as-a-service）平台，也就是为第三方提供垂直服务的公司，而这些服务遵循高度灵活的商业模式。通常，这些第三方公司并没有兴趣根据某公司与最终客户的关系来进行品牌投资，因此会允许合作伙伴提供与其产品能够完美结合的选择。例如，许多送货上门服务为其他销售公司提供了利用数字化转型而又不会失去其核心业务的机会，并将难以管理但具有战略意义的企业职能外包给高度专业化的公司。从这个意义上说，送奶工（Milkman）平台非常值得一提。该平台可以优化物流，以便为最终客户提供准时的送货上门服务，而这通常是普通快递员无法做到的。因此，该公司已成为许多传统企业和电商平台的理想合作伙伴。

　　送奶工平台允许供应商提供更多种类的产品来丰富当前的配送选择。这无须开发新的操作流程，而且所有的流程都是为了方便买方，帮助他们做出最有利的选择。尽管送奶工平台刚进入意大利市场，但它已经与众多品牌签订了重要的贸易协议，包括奈斯派索（Nespresso）、吃在意大利（Eataly）和单宁线上酒窖（enoteca online Tannico）。但是，最重要的合作是与科波（Coop，意大利大型连锁超市的领导者之一）达成的。这一合作关系促成了 EasyCoop 这项领先的和具有创新性的食品电商服务在全国范围内的推出。特别是专用仓库的物流优化和平台交付的特殊性，使得该计划很快地在客户中取得了巨大成功。

　　另一个成功的案例是麦当劳的麦乐送（McDelivery）。这家世界快餐巨头在美国、英国和荷兰等市场测试过这项服务后，也在意大利推出了送货上门服务。为此，它决定与 Glovo[①]、

---

① Glovo 是一家西班牙创业公司，于 2015 年在巴塞罗那成立。它是一种按需快递服务，用户可以通过其移动应用程序购买、提取和交付订购的产品。——编者注

Deliveroo[①] 和 UberEATS[②] 等平台建立合作伙伴关系，利用它们的实力、资源、技能和规模经济。在这种情况下，服务不是由即时服务交付平台提供的，而是由最终客户熟悉的合作伙伴提供的，这些合作伙伴在上门服务和相关客户体验管理方面具备专业能力。

然而，在企业通过战略合作伙伴接触到更广泛受众，而不必承担相关解决方案的研究、测试、开发和维护成本方面，送货上门服务并不是唯一的案例。许多零售企业，甚至是小零售商，都看到了与谷歌公司合作的大好机会。借助谷歌我的商家（Google MyBusiness）服务，企业可以免费制作名片，让用户在搜索引擎上找到它，并在地图上进行定位。位于山景城（Mountain View）的谷歌公司拥有无限的技术潜力，它通过处理收集到的数据，向商家传输非常有价值的客户信息。例如它向零售商提供的诸多服务之一，就是追踪对其业务感兴趣的用户的地理来源，或改进目标定位和重定目标活动。没有哪家零售商能像谷歌公司一样使用如此精确的分析工具来不断完善自己的供给。但是，如果依靠谷歌公司这样的大型企业，零售商就可以从更广泛的服务和高度结构化的信息中获益，以改善他们前端和后端的运营。

值得注意的是，我们并不是说零售商必须选择新的合作伙伴和供应商，而是它们要考虑采取全新思维方式的可能性；而它们

---

① Deliveroo 是英国的一个美食外卖服务平台，主营餐厅食品配送服务，所有订单能够确保在半小时之内送达。该公司会向消费者和餐厅双方收取服务佣金。——编者注

② 2016 年 1 月，打车应用鼻祖优步（Uber）准备在美国的 10 座城市中全面铺开其独立的送餐应用 UberEATS。——编者注

如果把与第三方的合作作为战略性发展的组成部分，就可以充分利用协定的短期和中期利益。

现在我们来看看这两种方法中的第二种：通过互补的经验来增加供给的可能性。**为了做到这一点并更好地满足客户的需求，品牌和零售商必须团结一致，结成目标明确的合作伙伴关系**。通常，为了能正常有效地运作，此类合作应基于每个参与者的最佳特性，并能促进各自产品的改进，其明确的目标是改善消费者的整体体验。此外，这种合作通常会向人们介绍他们不太熟悉的品牌，也能使企业提高其品牌意识和品牌知名度。

能证明这种合作关系的真正价值和实际利益的一个成功案例无疑是理查德·布兰森（Richard Branson）创立的标志性品牌维珍（Virgin）酒店集团与大型跨国服装企业之一盖普公司（Gap）签署的协议。这看似不搭界的两个企业之间的联合能够帮助那些住在维珍酒店的人解决一些突发事件，例如手提箱未带到机场（没有换洗衣物）、突然开会（需要正装）或恶劣的天气状况（没带羽绒服）。当有人遇到上述情况时，他们只要通过应用程序或酒店网站，浏览盖普的服装网站，在上面选择想要的衣服，3 个小时内他们选定的服装就会被送到他们的房间，然后他们可以进行试穿和购买。

另一个很有说服力的案例是世界私家车运输领域的领导者优步公司和世界上第一个流媒体音乐平台声田（Spotify）之间的合作。这两个截然不同的品牌结成联盟是为了一个共同的目标：为客户提供更深刻、更难忘的体验，而这种体验只有在双方达成合作协议之后才能创造出来。事实上，通过整合这两个应用程序，拼车的人可以在前往目的地的途中选择自己喜欢听的歌曲，就像自己开车时一样，可以直接选择自己喜欢的音乐。

至此我们的论述都是成立的，同时也证明了一个事实，即截然不同的行业之间的边界正在逐渐消失。我们以客户的需求为中心，致力于融汇和整合。所有零售商，特别是小型或专业零售商，可能会选择与第三方协同合作来及时满足与自己联系日益紧密且要求越来越高的消费者的需求。此外，通过与客户甚至竞争对手积极合作来追求"指数性"也是非常有趣的一点。

数字时代的市场营销告诉我们，零售商可以采取两种非排他性策略来提高竞争力：共同创造，即与客户合作；合作竞争，即与其他企业（有时甚至是竞争对手）对话。共同创造将市场视为公司与客户或消费者共享、合并和更新资源与技能，以及通过新形式的互动、服务和学习方法来创造价值的地方。共享价值可以为客户提供个性化的独特体验，可以为公司带来更有利可图的市场表现，而且它仍在不断地发展。当消费者能够使用品牌或零售商提供的解决方案来使其体验个性化，并以最恰当的方式实现品牌的目标时，他们就是在参与共同创造。就其本身而言，企业获得了新的认识，并使收入和利润最大化。我们在"个性化"原则中提到过这些模式，正是因为企业能够与最终用户进行合作，所以才能生产出独特的产品。

另一方面，合作竞争是一种结合了竞争与合作的策略，发生在选择协作（仅限于某些活动）的企业之间。这似乎是两个原本相互竞争的企业之间的意外合作关系，为了达成一个共同的目标，它们在一个或多个方面暂时停止了竞争。更重要的是，其目的是通过增强谈判能力和议价能力来获得仅靠自身力量难以实现的结果。

合作竞争的一个著名案例是两个曾经一直是竞争对手的德国品牌之间的历史性合作：戴姆勒公司（Daimler，拥有最著名的品牌梅赛德斯-奔驰和精灵）与宝马公司（BMW）。这两个老对手合作完成了一个名为"移动动力"的项目。这两家汽车制造商一致认为有必要共同提供独特的城市出行服务。戴姆勒公司和宝马公司意识到，为了用这项服务打造更高端的客户体验，有必要将市场上不同的解决方案结合在一起，并将其整合到一个产品中。因此，它们决定采取一个方法，为共享出行和自动驾驶创造整合机会。具体来说，该合作伙伴关系将包括两家公司提供的按需出行、网约车（出租车）、停车场选择、电动汽车充电以及 car2go[①]和 DriveNow[②] 等多种服务领域的结合。

说到这里，令人联想到另一个很有趣的实践，我们可以称之为 开放式创新。**这一说法体现了一种创新模式，据此，企业为提升自身的价值，不能仅仅依靠内部的思想和资源，而是必须利用外部的技术工具和技能。**任何规模的品牌和零售商的增值来源都可以是大学和研究机构，也可以是初创企业孵化器、业务合作伙伴、自由职业者和顾问，还可以是企业之前的客户

---

① car2go 项目是国际知名豪车制造商戴姆勒旗下的汽车共享项目，主要采用奔驰 smart 组成单程、自由流动式汽车即时共享体系，租车人无须在指定地点租车和还车，租车、用车更为便捷、灵活。——编者注

② DriveNow 一般指 BMW DriveNow。BMW DriveNow 是宝马公司推出的交通出行概念，已经进入全球很多城市，并获得成功。——编者注

和竞争对手。这种方法与传统的封闭式创新过程形成了鲜明对比，传统的封闭式创新过程是在公司内部进行的研究，在如今这样一个充满活力和不可预测的市场中，这种研究似乎远远不够。创新过程以前一直是从公司到市场的垂直状态，但现在已经变成横向的了。

例如，在这方面，作为世界上主要公用事业公司之一的意大利国家电力公司（Enel）已经采取了行动，证明这一趋势已经在该行业出现。意大利国家电力公司已将创新和数字化作为其产业战略的基本杠杆，以便在快速变化的环境中成长，同时确保高标准的运营效率和安全性。该公司建立了一个包含工业、学术和创业等元素、涵盖了整个价值链的真实生态系统。迄今为止，意大利国家电力公司在全球共设有 8 个中心，并已与初创公司建立了 150 项合作关系。为最大限度地发挥其创新潜力，意大利国家电力公司还为其自身配备了利益相关者参与工具，旨在使各种利益相关者参与进来，例如众包平台 OpenInnovability.com。该平台允许其向外部和内部利益相关者开放，这些利益相关者也可以提出可持续创新项目或解决方案来应对公司将面临的挑战。

G20 青年企业家联盟（G20 Young Entrepreneurs Alliance，由大约 50 万名青年企业家及支持他们的组织组成的全球网络组织）发起的一项调查说明，企业和初创公司（或其他创新者）之间的合作可为全球带来约 1 500 亿美元的增长，相当于目前全球 GDP 的 2.2%，仅在意大利就增长了 350 亿欧元，占其 GDP 的 1.9%。应该明确指出的是，这些合作机会不只涉及大企业或特定市场，任何类型的企业都会涉及。事实上,这种说法也可以颠倒过来:小零售商可以为大品牌扩大其潜力提供完美的解决方案,而这对其自身也有明显的好处。研究数据显示,76%的创业者认为他们可以利用初创公司或其他本土公司来推动业务发展,并期望合作产生的营业额份额在5年内从平均7%增长到16%。该模式对各方都有利,因为初创公司需要利用大公司进入市场,而大公司需要在不承担所有研发成本以及部分外包风险的情况下尝试创新性解决方案。

雀巢公司(Nestlé)和 Freshly[①]公司就是一个很好的案例。后者是一家初创公司,提供由厨师团队烹饪并配送到家的健康菜品,它吸引了雀巢这个国际食品行业巨头的注意,雀巢以7 700万美元的价格收购了其少数股权。雀巢公司食品部总裁杰夫·汉密尔顿(Jeff Hamilton)表示,这一举措体现了雀巢公司希望跟随注重健康和营养的趋势,并适应不断增长的消费者对送货上门等服务的需求。据估计,仅在美国,这个市场的价值就超过100亿美元,这就解释了大公司的利益所在,首先就是亚马逊公司,它在收购全食超市之后一直处于行业领先地位。

另一个研究案例是 Satispay[②],这家公司提供一项移动支付服

---

① Freshly 是一家位于纽约的健康美食外卖初创公司。Freshly 每份外卖的售价为11 美元,从价格来看,他们似乎和其他食品外卖没什么不同。不过,不同之处在于,Freshly 的餐食不需要任何烹饪操作,只须在微波炉或火炉上加热后即可食用;此外,Freshly 也不提供传统的按需餐饮外卖服务,而是将一周的食物一次性送到。——编者注
② 一家总部位于意大利米兰的金融科技初创公司。——编者注

务，允许用户通过第三方网络进行信用卡和借记卡交易。消费者正在使用越来越多样的支付方式，这家初创公司可以帮助零售商扩大它们的选择范围。该公司现已与艾斯兰加（Esselunga）和科波这两家大规模零售连锁企业签署了协议，并已与公交公司、能源服务销售企业和银行建立了合作伙伴关系，以激活多种服务，例如直接在手机上购买机票，享受订阅服务，随时随地快速支付账单或者在亲朋好友之间筹集资金来支付共同账单。

协同贸易伙伴关系包含共同创造与合作竞争的形式，一般来说，采用开放式创新是公司指数增长的重要来源，因为它能扩大公司的价值主张，却无须承担通常与创新过程相关的风险和投资。

我们可以根据"指数化"原则做出假设：在这样一个复杂和动态的竞争环境中，企业最好以"精益"的方式追求创新，而不必开发（并拥有）构成自己价值主张的所有要素。这使得企业能够快速并以相对较为低廉的成本进行试验，并将资金投入到最能满足目标受众需求的产品和服务中。我们将在接下来要谈到的"勇敢化"原则中集中讨论这些问题。企业在快速发展的市场中运营，要将自身的发展视为一个有着不稳定边界的开放系统。企业创新需要创意、产品、人才，并不是所有的东西都可以从内部知识和技能中衍生出来。外部机会和解决方案与内部机会和解决方案同等重要，但前提是它们要与品牌经营相协调，能够在运营层面上轻松地被整合，并且实际上能够增加最终用户的感知价值。

10

勇敢化

"

矛盾的是，在一个不断
变化的世界里，安全行
事是最大的风险之一。

"

——里德·霍夫曼
（Reid Hoffman）

BE BRAVE

"勇敢化"是本书提出的 10 条原则中的最后一条，并可能是最具挑战性的一条。亚马逊的创始人兼首席执行官杰夫·贝索斯认为，有两种主要的方法可以让企业实现供应多元化并扩大业务。一种是列出企业最擅长的领域，并将其作为线性创新的起点；另一种则是，企业需要改变观念，即分析客户旅程，确定未满足（或部分满足）的需求，然后向前推进，发展或获得满足这些需求所需的技能并充分利用由此而带来的商机。显然，第二种方法的风险更大，但如果遵循正确的方法，实际上就有可能以相当低的成本实现多样化并探索不同领域。

对于那些在这种复杂性和动荡加剧的时刻迷失方向的零售商来说，这是一个非常强烈的信息。另一方面，许多参与者现在已经意识到，企业无视正常技术创新过程中发生的变革，就如同众所周知的"鸵鸟方法"（把头藏在沙子下面等待危险过去）一样，会给自己带来危机。

事实表明，即使是柯达、黑莓和诺基亚这种能够聘请到最优质的专业人员来评估它们所做出的战略选择的大型跨国公司，也未能采取与市场的实际需求充分契合的方法。

但百视达（Blockbuster）公司可能是老牌公司中因竞争对手的颠覆性创新而破产的最典型案例。20 世纪 90 年代，家庭视频市场非常繁荣，开始是 VHS（家用录像系统）视频租赁比较流行，后来是 DVD（高密度数字视频光盘）租赁。百视达公司是这一领域的世界领导者，其遍布全球 25 个国家的门店能够为数以千万计的客户提供服务。1997 年，网飞公司也进入了这个已经饱和的市场，其商业模式是将 DVD 送货上门。传说当时里德·黑斯廷斯（Reed Hastings）因为逾时归还《阿波罗 13 号》的 DVD 而被罚款 40 美元，才有了创办这家公司的想法。先不说这个传说是真是假，但事实是这种新的商业模式比遍布全境的门店网络更加方便，所以很快就流行起来。尽管如此，百视达公司的高管还是决定不采取特殊措施，并坚信为客户提供实体体验的重要性。

但此后不久，由于网络稳定和快速连接的普及，网飞公司启动了自己的流媒体服务，并定义了商业文献中的"百视达时刻"，即无回报时间点。从那时起，消费者很快就改变了浏览视频的习惯，并开始利用网飞公司流媒体的便利性，于是，他们不再受租赁行业巨头的商业模式的限制。但是此时，百视达公司已不能重返这列快车了，短短几年后，它不得不在 2013 年申请破产。据大型跨国企业思科系统公司的执行董事约翰·钱伯斯（John Chambers）称，在未来 10 年中，当前运营的企业中至少有 40% 将因无法适应变化而倒闭。这些经营者唯一的希望就在于重新诠释当前的发展，并通过技术和数字创新实现转型。

这是"勇敢化"原则的核心：零售商必须要有勇气承认自己的业务可能没有前途，从而接受必须改革的事实。

那么，如果我们意识到我们的零售供应不符合市场要求，该怎么办？如何应对商店客流量的持续下降？数字竞争对手以我们无法承受的价格为消费者提供卓越的服务和售后帮助，我们的压力怎么化解？

零售商必须
要有勇气认识
到自己的业务
可能没有前途
所以**必须接受改革**

我们认为,我们必须做到的就是勇敢:在市场中挖掘一个尚未得到完全满足的具体需求,即使要承受进入未知领域的风险,我们也要提供与这种需求相对应的产品或服务。但其风险是巨大的,因此,我们有必要采用一种方法来准确计量这些风险,并尽快进入到商业计划的测试阶段。

传统意义上,启动新业务或以现有业务为中心开展新项目,对企业家或管理者来说一直都是充满风险的。但是,在过去的 10 年中,出现了一种使创业过程风险更低、速度更快、效率更高的新方法。这是一种被称为精益创业过程的方法,它更倾向于试验而不是精心策划。它把消费者的需求和反馈,而不是管理者的直觉或创造性的指导(尽管仍然非常重要)置于中心地位。这是初创公司的典型模式,我们也可以将它成功地应用于传统零售商和大型组织的管理中,从而为所有寻求重新定位并希望从数字化转型中受益的经营者带来新机遇。这个由史蒂夫·布兰克(Steve Blank)设计的模式包括三个阶段:

(1)商业模型(business model)。为了避免花费数月时间进行规划和研究,企业家和管理者应该反思这样一个事实:实际上,在创办一家新企业时,他们只有一系列未经检验的假设或者良好的直觉。因此,在考虑一个可能的商业计划之前,对创业者来说,测试初始假设的实用性是很有用的,比如可以通过商业模型画布来进行。它是一个图表,涵盖了为公司和消费者创造价值的主要阶段。

(2)共同设计(co-design)。立即测试特定假设至关重要,该过程被称为客户开发。企业基本上会直接要求潜在客户和合作伙伴给出关于商业模型画布所有元素的反馈，包括产品特性、估价、分销渠道和客户购买策略。这些研究的目标是敏捷性和速度。事实上，在第一个阶段之后，凭借从测试中接收到的输入信息，这个周期又会从头开始，企业可以在重新设计和改进产品后再次测试该产品。这就好像我们在要求参与项目的各个利益相关者——从合作伙伴到客户，通过共同设计来为供给作出贡献。

（3）测试（test）。最后，有必要使用一种从软件行业借鉴来的被称为敏捷开发（agile development）的方法。与传统情况相反，产品开发阶段的前提是开发者要进行充分深入的思考，除了在实施阶段设有严格的顺序外，这种操作模式还能在几个月内将最小化可行产品（minimum viable product，质量可接受度最低的产品）交付给消费者或客户，从而节约时间和资源。初创公司习惯于采用敏捷开发来设计产品或服务的第一个版本，以便仔细探究其满意度，并从市场上获得重要的反馈，然后将这些信息用于开发下一个版本，以期更大规模地推行（或中止）该项目。理想情况下，这种方法也将在后续版本开发中被反复使用，并根据从不同参考对象处获得的结果进行持续改进。

我们所描述的这三个阶段是为了帮助一些世界上最著名的科技公司而设计的，但实际上，它的灵感却来自很多大型工业企业，例如丰田公司。值得一提的是，正是日本汽车制造商设计并实现了精益生产（lean production），它基于精准的原则：消除浪费，根据拉动逻辑及时生产（仅限已售出或预计在短时间内出售的产品），并通过持续的改进使其日臻完美。

值得注意的是，精益创业过程对于所谓颠覆者，即以另类商业模式打入新市场并影响其逻辑的公司以及已经在某个特定领域经营的现存公司来说，都是一个更具吸引力的选择。对于前者而言，精益创业过程可以使企业在相对较短的时间内以成本测试其价值主张，并力图渗透更成熟的品牌。对于后者来说，该过程是更复杂的"级联过程"的有效替代方案。根据该方案，在到达流程的终点之前，各个部门必须采取一系列预先确定的步骤，并考虑所有利弊。

数字时代的发展速度也对创新过程产生了制约，使得那些无法在短期内实现的流程迅速过时。

在这方面，我们认为观察日用消费品行业正在发生的事情是很有趣的。在这一行业，各大传统品牌正在经历一段艰难时期。其业绩下滑的原因之一是众多小型竞争对手进入市场，这些竞争对手通常反对具有跨国价值（如真实性、工艺、对传统的尊重以及对可持续性的更多关注等）的产品的标准化。它们正在削弱领先企业的压倒性优势，这要得益于它们应用了更加敏捷的业务模型，以及我们之前描述过的原则。

这些小型竞争对手因其数量、攻击性和攻占市场的方式等特点，而被称为食人鱼品牌（piranha brands）。它们可以将某些功能外包给第三方，从而享受生产系统的广泛灵活性，这与我们在"指数化"原则中看到的方式类似。当然，小品牌和利基市场是一直存在的，但这种趋势是分散的。由于消除了许多进入壁垒，消费者的态度也发生了变化，技术变得民主化，并使得产品和服务的推出变得非常容易。此外，我们还看到人们对大型日用消费品品牌的信任度下降了，转而青睐那些更具"真实"体验的品牌。这些品牌能够根据消费者不断变化的期望，更准确、更快速地进行生产调整。

百视达公司的案例和消费品行业的动态表明，现如今，采用敏捷方法的小型企业比过去更具威胁性。同时，我们要重申一点，"勇敢"地应用上述流程可以作为传统企业的有效应对模式。在本书后面部分中，我们将从管理者的角度出发，分享许多有趣的流程实例。这些流程将精益方法与开放式创新相结合，其目的正是为了让传统企业能够"平等地"面对这种新的激烈竞争。**"勇敢化"这个原则指的就是传统零售商应当表现出的态度：要谦虚地质疑过去几十年来它们所取得的成功的必然性**。企业仅凭低成本的批量生产，对市场营销和传播的大量投资，与商业伙伴的强大合同权，广泛的代理商网络及投资研发能力已不足以构成竞争优势。事实上，在当前的竞争环境中，它们甚至会成为负担，反而会削弱企业的反应能力。

简而言之，**对于传统零售商来说，"勇敢化"意味着以质疑价值主张作为基础来应对新情况**。而结合开放式创新，并在本书所述原则的支持下进行精益创业无疑是企业的一个不错的选择。但企业也要具备一定的条件，因为让一向以习惯的方式工作的组织接受这种方法并非易事。精益创业过程本身显然不是万能的。当行业发生重大变化，客户期望迅速变化，同一公司不同团队之间以及与其他利益相关者之间的合作可行，项目类型允许流程方面发生重大变化的时候，这种模式可以在市场不稳定的情况下产生效果。相反，如果某个阶段变动成本高或技术不允许，如果没有利益相关者参与该过程，如果市场状况稳定且相对可预测，如果产品或服务在即将接近最终阶段之前无法进行测试，那么传统方法可能会更好。

当条件有利时，经验证据表明，精益方法是一种极具潜力的选择。它可以带来诸多好处，包括控制与创新过程相关的成本，加快新产品和新服务的推出，加强团队之间的合作并引导他们同时而不是按部就班地工作，通过在设计阶段消除与最终用户无关的变量来提高产品的市场适应性。另外，它还有利于减少瀑布模型的典型冗余问题，并从未来计划的角度提高最终客户的认知程度。最后，还有必要强调一下，要将精益创业过程有效地应用于传统企业，还需要具备两个先决条件：首先是最高管理层明确的意愿和持续的承诺，以确保在预算、流程、过程等方面具备必要条件；其次是一个积极主动的员工团队，他们负责公司的创新，并可能会自愿参与项目。

人和企业都应注意（并且必须注意）避免风险，否则就不会存在稳定和繁荣的条件。然而，本章所描述的情况表明，当前的竞争环境和数字时代的动荡使得企业有必要以更开放（参见"指数化"规则）和更灵活的方式重新思考创新过程。传统企业需要为这些年来获得的技能和能力补充新方法，以便利用数字化转型的机会，并且根据自身实力和市场特点重新诠释精益创业过程模式。即使我们会进入未知领域，但也必须卷起袖子采取行动。虽然这意味着要掌握新技能并改变观念，但我们必须勇于创新，并从对人、对企业最重要的事物开始。

第三章

*IL PUNTO
DI VISTA DEL
MERCATO
市场观点

亚马逊（AMAZON）
AUTOGRILL
BOGGI
普利司通（BRIDGESTONE）
布克兄弟（BROOKS BROTHERS）
布鲁诺·库奇利（BRUNELLO CUCINELLI）
金巴利集团（CAMPARI GROUP）
家乐福（CARREFOUR）
可奇奈儿（COCCINELLE）
巴黎迪士尼乐园（DISNEYLAND PARIS）
吃在意大利
汉高（HENKEL）
汇丰银行（HSBC）
克洛·米兰（KIKO MILANO）
拉马丁纳（LA MARTINA）
李维斯（LEVI STRAUSS & CO.）
玛莎百货（MARKS & SPENCER）
魔力斯奇那（MOLESKINE）
蒙达多利零售（MONDADORI RETAIL）
纳图兹（NATUZZI）
萨菲洛集团（SAFILO GROUP）
SEA 米兰机场（SEA AEROPORTI DI MILANO）
资生堂集团（SHISEIDO GROUP）

亚马逊（AMAZON）

马里安杰利·马尔塞利亚（Mariangeli Marseglia）
意大利和西班牙地区经理

所属行业：零售　　　　2017 年营业额：未知

amazon.com

零售 4.0 时代对你来说意味着什么？

零售 4.0 时代意味着连接和整合渠道与消费者的触点。

50 年来，零售市场基本上保持不变。实体销售点占主导地位，它与消费者的关系没有发生根本性的变化，当然也不是一点变化都没有，如自动取款机或移动条形码扫描仪的引进。但是在过去的 4 年里，出现了一些深度创新，这些创新改变了行业逻辑，它们开始重视消费者的需求，并将其日益置于变革选择的中心。创新之一就是，消费者无论如何购买、从何处购买商品，都要尽快在家里收货。这也是亚马逊金牌会员服务诞生的由来。如今，依靠电子商务，消费者可能几小时内就能在家中收到所需商品，这个时间与他们亲自外出到实体店购买的时间相当。因此，消费者会发现实体世界和数字世界之间的差异越来越小。

实体零售业在未来也将发挥关键作用，但就数字渠道而言，它将会是综合和协同的作用。因此，我觉得有些零售商认为数字商务将在未来几年取代传统商务是一个很大的错误。人们将尽可能使用他们所掌握的全部渠道，他们希望完全自由地选择最适合特定时刻需求的购买方式：何时、何地以及如何实现。因此，我们不应该对这种趋势的逆转感到惊讶，例如"数字原住民"公司开始尝试实体解决方案，而传统零售商别无选择，只能通过数字解决方案来应对这种变化，以满足公众的偏好。

亚马逊公司会如何应对这种情况呢？

我们所做的努力主要是满足消费者直接和及时的需求。对人们来说，购买体验、服务质量与选择的多样性和交易价值同等重要。这就是为什么我们要严格执行你在"无缝化"和"无形化"原则中所表达的思想。购买的方式经历了一个"商品化"的过程：顾客并不关心渠道的变化，让他把注意力集中在想买的产品上，享受丰富、流畅和充实的体验是很重要的，所以我们要管理复杂的后勤工作并处理有用数据，从而提出有效的替代方案和有趣的选择。消除摩擦就要求零售企业努力整合各种触点，来确保人们不管通过什么设备或渠道浏览商品信息都能够被识别到。正如你在"忠诚化"原则中指出的，忠诚是建立在独特和可持续价值的基础上的。Amazon GO 就是一个很好的例子。

但是，想要赢得客户，仅凭产品创新是不够的，应努力培育和丰富这种关系。因此，我们开发了金牌会员计划，来建设真正的会员俱乐部。几乎所有会员卡都提供打折或礼送物的优惠活动，但是这些会员卡不太可能为零售商创造实际价值。金牌会员计划的基础是：通过附加服务组合，我们能够不断提高客户体验的标准。

我们的服务范围从流媒体音频和视频到云存储，当然还有免费且快速的配送服务。

另一个我觉得很有用的想法是"策展化"原则。就我们而言，作为世界上最大的电子商务公司之一，我们并不处理上游的策展工作，相反，我们的目标是为人们提供尽可能多的产品选择。然而，为了避免过度选择的矛盾和人们被大量同质产品所淹没，我们会尽量有效地管理数据，提供有用的建议，并简化客户旅程。

你认为未来 3～5 年会有什么发展？

我们的首席执行官杰夫·贝索斯认为，消费者最好的一面是他们永不满足。今天的"惊叹"体验将成为一年后的新标准。因此，我发现"勇敢化"原则特别有趣。对我们而言，这意味着即使一切都很好，许多人都对你的品牌有很好的评价，即使你被认为是卓越的创新者，也不应该止步于此，而是要努力设计明天的解决方案。

你看一下我们当前的生态系统，我们提供各种各样的产品和服务，实际上这正是转型难题的战略性组成部分，我们每天都在想象构建更广阔的愿景。但是，勇于尝试不仅必须包括不断努力的心态，而且还必须具备合法性的条件。从现在起的 5 年里，公司将被要求付出更多的努力来保证高质量的客户体验，只有那些能够不断重塑自我、以消费者为中心的品牌，才能在市场中屹立不倒。

在这种情况下，成为"数字原住民"并不一定意味着，作为一家公司，我们能在未来生存下去。亚马逊诞生于数字时代，是的，大约20年前，但它的"数字"概念与现在相去甚远。我们所获得的专业知识无疑是取得成功的关键因素，但我相信，我们真正的资本和竞争优势是我们应对变化的方式。技术、技能在很短的时间内就会过时，真正的要义是心态。如果说我们是20世纪90年代诞生且能坚持到今天的少数几个公司之一，那就要归功于一种基于了解消费者需求的理念。

当然，如果让我想象一下亚马逊在未来几年的发展，一个越来越重要的主题将是对外部创新的开放。就像我们已经做过的那样，我们将继续按照你在"指数化"原则中所说的那样，与创新者和发明家合作。我认为所有零售商都应该遵循这些原则，如果他们不这样做，就有可能错失良机，与世界失联，甚至面临倒闭。

AUTOGRILL^①

吉安马里奥·通达托（Gianmario Tondato）
CEO

所属行业：旅客餐饮服务　　　2017 年营业额：46 亿欧元
销售点：4 000 家　　　　　　autogrill.com

零售 4.0 时代对你来说意味着什么？

在我看来，零售 4.0 时代意味着数字化转型，本质上，是人与零售商之间关系的变化。这种新型关系建立在消费者意识到他们处于中心地位的基础上，他们可以被倾听和关注。因此，对"定制化"甚至"个性化"产品的需求越来越广泛，更高端的消费者认为这是必不可少的要求。

我刚才说的是获取信息的问题。数字化，尤其是移动性，深刻地改变了人们的态度和行为。购买途径已经发生了不可逆转的变化：我们可以随时获得任何类型的产品、品牌或服务的所有信息。这一切显然也影响到了食品行业，这对 Autogrill 来说非常重要。例如，健康的概念正在发生变化：在过去，它的意思是低卡路里和低脂肪，在今天，它代表新鲜的、未加工的、

---

① 意大利著名的餐饮服务企业。

天然的、有机的、蛋白质含量高的非转基因生物产品，通常被表述为"不含×××"。同时，随着"地理意识"的发展，人们越来越重视"零公里"食物以及可控、可追溯的生产链。因此，今天的零售商必须考虑个人客户的需求，同时也要扩大视野，能够预见消费者需求方面越来越频繁和迅速的宏观变化。

零售行业的最后一次重大转型涉及人们对时空障碍的最终突破——人们在世界任何地方都保持着联系。以前人们认为在遥远的地方开展的活动，如今在全世界能够立即产生反应。因此，一种强烈的"我们"意识逐渐形成，我们属于同一个伟大的地球。因此，正如你在"人性化"原则中提到的那样，人们越来越关注可持续性。

Autogrill 公司会如何应对这种情况呢？

我们长期以来一直在研究和开发新的数字解决方案，使我们能够在工业流程和商业模式上实现创新，特别是我们的产品和服务。

一个非常重要的例子是 Host2Coast 应用程序，它集合了北美地区几乎所有的好食特（HMSHost）机场餐厅，能让旅客找到离他们所在的位置最近的餐厅，查阅完整的菜单、预订餐点，最后直接用手机支付。

通过这种支持，我们试图将旅行者在机场过境期间可能遇到的所有麻烦降到最低，以建立最流畅的体验。

多亏了这项技术，我们可以不断了解全球客户的口味和喜好。2017 年，我们集团在分布于四大洲的 4 000 多家门店中为近 10 亿客户提供了服务，因此我们有幸了解到了美食选择的新趋势。2018 年，我们从新趋势出发，启动了意大利食品供应革新的重要进程，以响应短链食品对健康产品发展趋势的需求。

我很愿意分享的另一项举措是芝加哥机场的奥黑尔城市花园（O'Hare Urban Garden）项目。这是一个花园，花园内生长着 44 种植物，为机场内的好食特餐厅提供始终新鲜、优质和零公里的产品。这是环境可持续性领域中的一项开创性试验，我们希望将来在其他城市中进行推广。

研究和创新是我们集团"DNA"的一部分，正如锻造空间（Spazio Fucina）餐厅一样，是我们的代表性场所，致力于健康试验和美食研究，以提高客户的美食体验质量。同时，我们正在展望未来，思考如何在新的环境下用新的理念创新餐饮服务模式，以满足旅行消费者的不同需求。

你认为未来 3～5 年会有什么发展？

我们将在自动化和数字化商业管理方面有所发展。能证明我们正遵循这个方向发展的一个突出案例就是我们在加利福尼亚州奥克兰机场引进的胡椒（Pepper）机器人。这是一款置于人群周围的拟人机器人。其主要功能是与人交谈，感知他们的情绪并做出反应。它能够为人们讲解产品和服务的特征，提出订购建议或指导机场登机的正确程序。这些技术的影响也将很快在餐饮环境中得到体现。然而，人性化因素将继续发挥关键作用，它将在运营过程中以及在需要经验、激情和创造力的不可替代的阶段产生影响。

人力资源在创新过程中也是至关重要的。如果企业没有对工作人员的培训和进修进行投资，就不可能实现数字化转型。这也是为什么 Autogrill 发起了一项"代际协议"，该协议允许具备创新思想和数字技能的年轻人加入进来。

BOGGI[①]

保罗·塞尔瓦（Paolo Selva）
欧洲地区 CEO

所属行业：服装与配饰　　2017 年营业额：未知
销售点：180 家　　boggi.com

零售 4.0 时代对你来说意味着什么？

在我看来，是客户彻底改变了零售行业。客户能够一直与我们保持联系，并且越来越"处于控制之中"，这使得我们能以完全不同的方式与其建立联系。企业和消费者之间的信息不对称现象已经大大减少，权力的轴心已经转向他们。此外，我们必须重视人们在购买我们产品时所花费的时间，这是越来越稀缺的资源。我们很荣幸地接待了世界各地的许多客户，因此我们有责任为他们提供有意义的体验以作为回报。在今天，这就意味着无摩擦的、各触点之间无缝的且不可知的体验，从组织和管理的角度来看，这涉及所有关键问题。

---

① 意大利男装品牌。

BOGGI 公司会如何应对这种情况呢？

我们想要提供介于数字商务和实体商务之间的综合体验，以便在识别和服务客户时摆脱渠道的限制。我们相信，实现这一目标的理想方法是让每个人与自己的移动设备联系起来：如今，智能手机已成为个人媒体工具，与我们的生活息息相关，而我们也不会将其交予他人。在有针对性的电子邮件的帮助下，我们可以个性化地处理与个人的关系，这与你在"个性化"原则中强调的内容一致。我们的目标是监测客户旅程，针对薄弱环节采取行动，尽量减少摩擦，并绝对优先考虑客户的需求。

本着这种精神，我们开发了"点击提货"服务，该服务可以让顾客通过浏览整个成品系列来进行在线订购，然后咨询店主，选择最方便的商店提货。或者，顾客可以选择免费送货上门，而没有最低消费的限制。那些不太熟悉我们的产品、更喜欢在完成购买前试用的顾客，也可以点击预订服务，顾客可以在我们的180家门店中预约试穿所选服装。最后，我们在产品供给标准化方面进行了投资，以保证即使是最小的零售门店也能达到标准的电商规模和模式。我们的员工通过平板电脑上专门的应用程序来协助客户购买在其他商店无法直接买到的号码或颜色的商品，还可以直接将商品送到其家中。

凭借这种全渠道的体验，我们的数字销售逐年增长200％。

我们知道将这种增长归于"电子商务"是肤浅的，因为这种成功是渠道之间整合的结果，无论交易最终发生在何处，它都能以连贯且实用的方式为客户提供服务。

另一个重要的举措与我们用于监视店内流量的技术有关。通过对这些数据的分析，我们可以提出非常重要的建议，以改善商店的展示布局，更准确地选择产品组合，细化销售流程。需要注意的是，这是一个反复试验的过程，如你在"勇敢化"原则中充分描述的那样，我们必须大胆采用灵活多变的方法。

你认为未来 3～5 年会有什么发展？

到 2024 年，我们计划在全球范围内开设另外 250 家直销店或特许经销店。因此，我们的主要目标是继续进行试验和试点项目，在这些项目中，技术和数字是很有用的工具，可以用来确定客户青睐的解决方案。基于其结果，我们将继续开展活动，并意识到持续检验其一致性的重要性。我们必须每天关注选购 Boggi 品牌产品的顾客的需求，并相应地进行调整。

更具体地说，我相信在未来 3～5 年中将取得决定性发展的技术之一是 RFID。这并不是什么新鲜事，但我相信，由于这种技术可以轻松跟踪产品，我们可以根据需要来使用它，在不久的将来，它将为我们追求全渠道方法带来便利。

另一个重要的变化与数据有关。这项技术将使我们能够以越来越清晰的方式进行数据处理。因此，我们将获得更多有关当前和潜在客户的品位的信息，这将进一步完善营销和沟通策略，并提高门店的绩效。

普利司通（BRIDGESTONE）

斯蒂法诺·帕里西（Stefano Parisi）
南欧地区总裁

所属行业：轮胎　　　　　　　　　2017 年营业额：270 亿欧元
销售点：在欧洲超过 2 000 家　　　bridgestone.com

零售 4.0 时代对你来说意味着什么？

普利司通公司的商业模式是 B2B2C[①] 和 B2C。我们的销售渠道主要是分销商、轮胎经销商和汽车服务中心。此外，我们还通过租赁公司和经营车队的公司进行销售。像我们这样的公司，在坚实的工业品牌、研发能力和卓越的产品上建立了自己的竞争优势，历来都将零售行业视为一个充满机遇的世界。

对我来说，零售 4.0 时代基本上意味着，价值链中的参与者以技术作为媒介跟踪"数字客户"的客户旅程，并以一种双赢的方式为其提供服务，而参与者之间可能会产生更大的协同效应。这也意味着，他们能够把生产和销售放在适当的位置并加以整合。

---

① B2B2C 是一种电子商务类型的网络购物商业模式，B 是 Business 的简称，C 是 Customer 的简称，第一个 B 指的是商品或服务的供应商，第二个 B 指的是从事电子商务的企业，C 则表示消费者。

我认为，全渠道的本质（你在"无缝化"原则中已经很好地进行了描述）恰恰在于各个利益相关者之间的这种协同作用，当业务目标与最终客户的实际需求相匹配时，这种协同作用就达到了最佳效果。其潜在的好处是显而易见的：产品设计师可以考虑消费者的需求，利用一系列有用信息和从其零售业务合作伙伴那里获得的丰富知识，形成自己的结构性优势。另外，从事分销和零售业务的人可以保证他们的产品和服务符合预期，因为这是他们共同设计生产的。

从这个意义上来讲，零售 4.0 时代对我来说是一个工具，利用它可以打破轮胎行业当前电商模式的局限性，创造真正的 360 度电子购物体验：产品和服务相融合，数字和实体之间的障碍消失了。因此在今天，零售点已不再是我们推荐、供给和销售产品的场所，而是成了产品和相关服务交付的环境。从整体上讲，其功能是为最终客户提高服务水平和附加值。

普利司通公司会如何应对这种情况呢？

我们的世界正在经历着快速的人口增长，人口越来越集中在城市地区，而人们的消费水平也越来越高。汽车行业也在发生变化：汽车正变得 CASE（connected 连接，autonomous 自动，shared 共享，electric 电动）。

面对这些机遇，普利司通正迅速从轮胎制造商转变为提供出行解决方案的领导者，并通过广泛的数字解决方案和应用来补充其高质量的轮胎供应，以满足驾驶者的新需求，旨在为零售商、最终消费者和整个社会带来利益。

一个例子是普利司通 Connect，这是一个用于轮胎和车辆维护的前沿预测解决方案，将在欧洲进行开发。它将在 Speedy 网络以 "My Speedy" 的名称首次上市。它能对车辆状况进行实时监控并向驾驶者报告，这将帮助驾驶者避免车辆发生潜在的危险故障，节省时间和金钱。我们都知道，要打造出行业新世界，就必须进行协作，因为没有任何一家公司或个人拥有全部所需技能和应对措施。

在普利司通，合作是我们的优势。从公司的工作人员开始，激发其主人翁精神，使其勇敢而敏捷地做出决定，并作为一个团队来实现我们的目标。但是，正如你所说的，除了要勇敢之外，企业还必须将自己视为 "指数型"，并以开放创新的视角与外部生态系统合作。从市场的角度来讲，这些价值观使我们能够与欧洲汽车制造商建立非常牢固的关系，并在技术、数据、物流和零售领域不断建立新的伙伴关系。正如我们在未来出行方面的发展一样，我们在与其他领域的合作方面也有所进步。

我们为了实现这一目标，就必须发展技能和积累经验。实际上，去年，我们聘请了新的人才，并在罗马创建了数字化车库（Digital Garage），这是一个开放的创新平台，旨在从公司内部和外部以跨职能的方式连接数字、分析和工程技能，以开发基于便利性、数据使用和最高效率的解决方案。比如，我们与罗马的三所大学进行了合作，与他们的学生一起组织了一场黑客马拉松活动。

你认为未来 3～5 年会有什么发展？

汽车行业正处于结构转型阶段。如前所述，不仅因为汽车变得越来越重要，还因为数字革命在总体上改变了人们对出行和运输的总体看法。

例如，越来越多的人表明他们更喜欢租车而不是买车。因此，我们推出了 Mobox——第一个以可接受的价格提供新型全保轮胎和其他优质车辆服务的月订服务。这些趋势会对整个供应链产生影响，必然包括配件、备件、轮胎以及协助和维护服务。

我相信公司未来几年的发展将主要围绕连通性和由此产生的实时数据的可用性而展开。显然，数据既可以来自车辆，也可以来自轮胎中安装的传感器。对于全球最大的轮胎和橡胶产品生产商普利司通公司而言，数字化和大数据代表着对生产和产品效率，创新和开发过程，零售和供应链产生积极影响的新机遇。普利司通公司正处于一个真正的转型过程中，最终目标是成为出行解决方案的领导者。

与简单产品相比，服务和出行解决方案变得越来越重要，从现在到未来几年，我看到了对零售概念本身发展极为有利的条件。这是一个将供应链中的许多合作伙伴联系在一起的机会，这些合作伙伴现在分散在一个真正的、集成的、主动的、面向最终客户的服务过程中。考虑到这一点，我们希望成为零售商业务的战略合作伙伴和发展推动者，通过我们的解决方案提升他们的价值。

布克兄弟（BROOKS BROTHERS）

卢卡·加斯塔迪（Luca Gastaldi）
欧洲、中东和非洲地区 CEO

所属行业：服装　　　　2017 年营业额：11 亿欧元
销售点：850 家　　　　brooksbrothers.com

零售 4.0 时代对你来说意味着什么？

对我而言，零售 4.0 时代意味着必须具有技术要素，要采用全渠道战略并增强人与人之间的联系。

近年来，技术的发展经历了快速的"商品化"过程。在社会经济更发达的市场中，人们认为技术发展是不可或缺的，是所有公司用于开发产品和提供服务的必备工具。在零售行业，这种技术发展推动了重要的创新。一方面，我们见证了供应链的深刻变革和预测模型的逐步完善，这在服装行业已经成了所谓快时尚。设计服装的时间、完成订单的时间、满足特定要求的时间或交付时间都已经大大缩短了，并且客户已经习惯了一种即时性的服务标准。另一方面，销售网点也发生了（并将继续发生）深刻的变革。事实上，在店内，技术支持的实施越来越普遍，它可以改变销售商与顾客之间的关系，并能够重新定义员工的角色。

我相信你在"无缝化"原则中描述的内容已经很好地表达了一个成功的零售商应时刻牢记的总体情况。鉴于触点的激增，更重要的是，企业要确保每一个客户在整个客户旅程中获得独特而一致的体验，并贯彻实施始终以其需求为出发点的整合过程。

对今天的人们来说，一旦他们觉得需求无法被满足，就随时会寻求别的购物方式。他们能够区分不同渠道的特性，却认为产品总是有相同的"口味"。如果技术在影响产品和服务方面意义重大，那么很显然，在情感参与程度要求更高的情况下，销售人员的人性化感受应该得到加强，他们必须能够根据品牌身份和形象对顾客抱有同理心。因此，我相信实体店仍然是联系品牌与客户的重要场所，也是销售人员体验品牌价值的重要途径，这个场所甚至让他们感觉自己像舞台上的表演者。

布克兄弟公司会如何应对这种情况呢？

为了尝试采用"无缝化"原则中概述的策略，在美国，我们正在开发一个被称为随买随取（buy anywhere get anywhere，BAGA）的创新平台。凭借此计划，我们保证客户在实体和数字渠道方面拥有最大的自由度，因为该计划排除了空间、时间和库存问题。客户可以通过最合适的渠道来查找商品、做出选择，最终完成交易。

对于提高人际交往的重要性我们一直很明确。在培训计划中，我们会改变员工的观念，使他们不再以"卖家"的身份出现在客户面前，而是作为个人生活顾问、咨询师或品牌理念诠释者出现在客户面前。我们把投资重点放在创造优质的体验上，而不仅仅是促进交易结果。我们追求的所有技术进步都是朝着这个方向发展的，例如人体扫描仪——能非常精确地测量出客户实际尺码的仪器。这方便我们为客户量身订制衣服。

在数据管理方面，虽然我们意识到了其潜力，但我们选择了一种我称之为"软性"的策略。我们倾向于收集少量的数据（名字、姓氏、电子邮件、电话），然后请工作人员完成其余的工作。我们更希望他们与对话者建立一种价值关系，并通过面对面交谈来使这种关系个性化。很明显，这是一种相当传统的模式，但我们认为这更符合我们品牌的 DNA 以及客户期望。利用与我们一起工作的人的同理心，而不仅仅是技术手段，这是我们实现"个性化"原则的方式。

最后，我认为你在书中广泛讨论的两个方面值得特别关注：社交媒体的使用和对社区的关注。当我们准备在佛罗伦萨皮蒂男装展（Pitti Uomo）上组织 200 周年（布克兄弟诞生于 1818 年）时装秀之际，我们决定实施一项特殊的社会放大战略。这次活动在 Facebook 上进行了现场直播，随后我们立即上线所有服装，供大家在网上购买，并获得了出色的销售业绩。就我们对社区的关注而言，我想说，我们的门店顺其自然发展成了一家俱乐部，所有的服务都围绕着产品展开。例如，我们在旗舰店举办了一系列独家活动，邀请了知名摄影师、明星主厨、DJ 和知名创意人士前来参加，他们会就如何在派对上展现绅士风度或在度假、工作时打造自身形象给出具体建议。

你认为未来 3～5 年会有什么发展？

我相信主要的转变之一将是销售网点的变化。我们正朝着越来越小的商店发展，这些商店将作为展厅而存在。在那里，体验和客户服务将是至关重要的。你在"目的地化"原则中所描述的导购商店以一种标志性的方式说明了这种现象，这将使主要的零售商逐渐节省租赁成本和管理成本。

在未来几年，隐私管理也将变得越来越重要。依我所见，在基于数据的微目标定位方面最有成效的，不仅仅是那些成功的公司，对于那些愿意选择一种非侵略性策略的人来说，这也是一个很好的机会，人性化因素在其中仍然是主角。

在我看来，正在迅速发展的另一个方面是邻近性技术。我们正在加大投资，从现在开始，用几年的时间在尽可能多的门店中安装自动化行动跟踪系统。当然，这些都是以数据不侵权为前提的。这将使我们了解到人们在我们的橱窗前停留多长时间，是什么吸引了他们的注意力，以及他们在商店内的行动路线。我们的目标是要不断改善客户体验，同时优化他们对我们的品牌和产品的认知。

布鲁诺·库奇利（BRUNELLO CUCINELLI）

弗朗切斯科·波蒂格列罗（Francesco Bottigliero）
iCEO

所属行业：奢侈品服装与配饰　　　2017 年营业额：5.03 亿欧元
销售点：126 家单品牌店，650 家多品牌店
brunellocucinelli.com

零售 4.0 时代对你来说意味着什么？

　　零售 4.0 时代意味着企业能够从整体上看待客户，将数字信息和实体零售信息结合起来，最大限度地尊重隐私。在保护每个人的隐私权时，必须给予其个性化、细致、专业、友好、人道、快速且高质量的关注。

　　CRM（客户关系管理）技术取得了巨大的进步，我们一直致力于在为公司业务收集数据与关注屏幕后面的人之间保持平衡。对我们来说，以优雅的和人性化的方式与客户沟通，向其促销和与之展开对话至关重要。

　　另一个重大变化涉及品牌必须管理的触点数量。新一代数字化企业通常很擅长提供集成且一致的体验，这种体验是通过研究许多客户触点开发出来的。这极大地影响了人们的期望，他们声称，即使在与更传统的公司打交道时，也希望能获得同样的待

遇。你已经在"无缝化"原则中总结说，对于想要突破自身的企业而言，整合绝非易事，因为它必须建立在几十年以来的技术更新和组织选择上，而这些选择都与现有的方式相对立。

布鲁诺·库奇利公司会如何应对这种情况呢？

我们试图把在现实世界中所获得的体验、氛围、品位、优雅和特殊性放到网络上。在考量和执行电商项目方面，我们从 2017 年初就开始进行内部沟通，涉及商业、技术和组织方面的管理，我们着眼于技术领域，试图找出市场能为我们提供的最佳产品。但是，我们从未忘记我们的经营理念，即实现更符合我们沟通方式和商业发展战略的目标。此外，单纯的数字技术并不能让我们服务到每一个人。

在从总裁到普通员工的各层级之间，开展数字化管理是整个公司管理层日常议程的一部分。公司既不会把数字化管理委托给外部团队，也不会把它作为一个独立的部门。

我们决定统一信息和通信技术（ICT）以及数字技术团队。虽然它们是彼此独立的团队，但它们的方向是一致的，也可以共享发展目标和战略。对我们来说，数字化是"企业"的功能，而不是"员工"的功能。我们期望通过数字化与客户建立非常有价值的关系。由于数字技术与信息和通信技术之间共享战略计划，因此我们能够快速有效地实施最重要的技术项目。这样做的结果是技术准则的高度共享，我们在精品店实施的项目，选用的工具和平台，都是商业团队、零售商、客户关系管理和数字应用以及信息通信技术共同作用的结果。

我们在销售奢侈品类服装时，必须谨慎地追加销售，以免让客户觉得我们是在纠缠不休或让我们显得很无礼。一个与此有关的小例子是我们的"废弃购物车"策略。这是本行业中经常采用的解决方案，即向那些已将产品添加到购物车但未完成交易的客户发送提醒。我们认为这样的解决方案不适合我们的品牌和定位，因此决定不使用它。我们绝不想让客户觉得我们侵犯了他们的隐私，或者是在催促其完成交易。我们品牌的显著特点是考虑周全和态度谨慎，我们喜欢称之为"人性化保密"。从这个角度来看，我们从字面意义上解释了"无形化"原则，避免了一切可能会干涉我们品牌的客户的私生活的做法。

从组织和商业的角度来看，我们除了提供数字渠道让客户与我们联系以便获取某些销售点的产品信息之外，也一直在为客户提供便捷的退货服务：他们可以将网购的商品拿到精品店退货。我们的基本理念是，无论身处何地，客户都可以享受到线上、线下同样优质的服务，从而获得一种我们一直在强调的人性化的特别体验。

电子商务中的实体部分最能体现我们的数字愿景。每次向在线客户发送订单时，我们都会附上来自团队的个性化手写消息。然后，他们也会时不时地回复手写的书面信息给我们。我们把这种习惯看作是我们数字化方式的一个独特方面。我们希望与在线客户建立尽可能有回报的和个性化的关系，以某种方式再现他们在我们实体精品店中感受到的热情和温暖的氛围。

对于我们而言，另一个重要的决定是关于客户服务的，在我

们的数字组织中，客户服务担任了绝对核心的角色。负责管理在
线客户关系的人员都在我们的索罗梅欧（Solomeo）办公室工作，
这样做是为了让他们始终与处理产品和零售业务的团队保持密切
联系，并提供宝贵的信息、反馈和建议，如此，我们才能不断地
改进我们的产品和服务。

你认为未来 3～5 年会有什么发展？

我相信公司会继续朝着你所描述的"无缝化"原则的方向发
展。我们将不得不打破几十年来形成的筒仓结构，找出更有用和
更高效的方法来进行管理，例如，在实体店为网上购物客户提供
退货服务。还有必要整合、清理和合理利用多年来一直为许多人
所依赖的社交和电子商务平台上的数据和信息。

展望更远的未来，我相信数字世界的一些趋势很快就会达到
"饱和"状态。如果我们特别关注一下生活在西欧、美国和中国
的新生代，我们会看到他们非常成熟地、有意识地在使用这种媒
介。我不相信在未来的几年里，我们花在社交网络上的或在电脑
屏幕前的时间会进一步增加。

没有人知道给每一位在电商网站上购买产品的顾客手写信息
的做法会不会成为所有公司的常态。

金巴利集团（CAMPARI GROUP）

鲍勃·昆泽－康塞维茨（Bob Kunze-Concewitz）
CEO

所属行业：烈酒　　　2017 年营业额：18 亿欧元

camparigroup.com

零售 4.0 时代对你来说意味着什么？

零售 4.0 时代意味着利益相关者参与进来的新逻辑、创立品牌的新方式以及相应的新零售策略。

近年来，深刻改变了营销行业的创新性举措显然可以归因于数字时代的到来。从多个角度来看，我们正在经历非同寻常的加速发展，信息是不断流动的，个人有机会真正地让企业和机构听到他们的声音。在与品牌的关系中，如今的消费者希望能够建立基于真实性和透明度的对话。这种对话是通过用户在社交媒体上生成的内容而形成的，从长远来看其有助于定义品牌，并为品牌的叙事性打下基础。

数字时代促使营销人员不断开发新技能。而营销人员与公众保持联系意味着他们不仅要像过去一样交流，而且要进行对话。这就要求他们具备聆听技巧，并且要根据对话的情况不断调整语音、语调，从而调整内容。对于那些几十年来一直以讲述故事和传播信息为战略基础，并得到大型媒体投资支持的人来说，这是一个新鲜事物。品牌发展的舵轮不再仅由公司管理层掌握，而是与我们的客户共享。

技术的民主化和知识的即时获取对我们的行业产生了另一个重要影响，这引发了手工产品现象。许多粉丝已经开始在家里蒸馏威士忌、杜松子酒、波本威士忌。像我们这样的团队必须关注和尊重这些现象，并突出特定的价值主张，以便从对饮品文化的重新关注中受益。

金巴利集团会如何应对这种情况呢？

为了尽量结合实际来说明我谈到的那些变化，我试图遵循你在书中阐述的许多原则。鉴于我们产品的特点，在你阐述的原则中，我们最为关注的一点无疑就是"人性化"。

除了世界各地数以千计的酒吧用我们的产品调制鸡尾酒所体现出来的社会性之外，我们坚信有必要为那些对我们品牌及服务感兴趣的人提供最具吸引力的体验方式。这不仅可以转化为今天进行对话所使用的工具和渠道，还可以转化为创造场地来庆祝我们所进行的工作。例如，为了在美国推出威凤凰（Wild Turkey）品牌的产品，我们在 Facebook 上进行了直播。结果令人难以置信：超过 60 万人在世界各地实时联系到了一起，还有几十个分销商与我们联系，他们甚至在我们的产品真正开始销售之前就表示出关注或兴趣。

对于金巴利集团而言，社会化也意味着要特别关注企业的社会责任。举个例子，自 2013 年以来，我们一直坚持"尼克罗尼周"（Negroni Week）。在这一周里，尼克罗尼酒的销售收入都会被用于慈善事业。在短短 5 年时间里，全球范围内加入该计划的酒吧数量已从 120 家增加到 1 万多家。这项计划的成功是令人震惊的，几年来，我们已经募集到 150 多万美元的金额并捐献给了我们的慈善伙伴。

回到我们对"社会性"的诠释上，只要品牌体验是真实的，并始终如一地创造品牌价值，我们就坚信其核心地位。这些年来，我们投入了大量资金为品牌打造超越了典型消费者触点的实体活动。根据你在"目的地化"原则中的描述，去年，我们在牙买加举行了乔伊·斯宾塞阿普尔顿庄园朗姆酒体验活动（Joy Spence Appleton Estate Rum Experience）。我们这个行业的人非常关注品牌历史和与产品相关的仪式，所以我们想在岛的中心，在甘蔗地里——一个我们可以爱上这个品牌的神奇地方，建造一个真正的品牌屋，让人们了解产品的生产流程，并在原生态产地品尝世界上最好的朗姆酒之一。

你认为未来 3～5 年会有什么发展？

我们将不得不面对与我们的产品相关的消费习惯平庸化的风险。我们有明确的证据表明，人们会对商品和服务的即时性和灵活性有所关注。这将导致越来越多的产品爱好者想要购买或者在网上订购调制他们最喜欢的鸡尾酒所需的一切。我们当然不打算阻止这种想法，实际上，我们是支持这种想法的，例如我们很欣赏那些决定在几个小时内即兴举办阿佩罗开胃酒（Aperol Spritz）派对的人。但毫无疑问，我们必须在共享产品、制备方法、剂量和服务的基本信息方面给予极大的关注。我们必须确保每个人都能拥有个性化的体验，并保持金巴利集团的 DNA 尽可能完整。否则，风险就是我们的品牌附加值将被稀释，并且会引发"日用品化"过程。

另一种发展方向是你在"指数化"原则中建议的方向。我们非常关注初创公司的发展，也正在签署一些合作项目，目的是尽可能传播"好喝"的文化。值得一提的例子无疑是 Stirred，这是一个在美国推出的移动平台，可以帮助人们结合自己家里的产品来准备鸡尾酒。该应用程序还允许人们根据季节和搜索时间查询食谱并接收个性化消息。对我们来说，这是一个绝佳的实验室，能够收集实用信息并更好地了解人们的需求和品位。

我还发现在"勇敢化"原则这一部分中讨论的话题非常有趣。世界的发展速度如此之快，以至于我们常常不得不采用典型的创业方式："完成比完美更好。"市场营销和传播领域尤其如此：我们再也无法承受漫长的审批和审查过程，也不允许一封简报和一场宣传活动花费数周或数月的时间。今后几年，我们要越来越勇敢，要保持与公众的联系，并就当前问题与其进行对话，甚至不惜以犯错为代价。

家乐福（CARREFOUR）

格雷戈尔·考夫曼（Grégoire Kaufman）
自有品牌负责人

所属行业：大型组织分销
2017 年营业额：780 亿欧元（自有品牌：110 亿欧元）
销售点：12 000 家　　　carrefour.com

零售 4.0 时代对你来说意味着什么？

主要的变化是销售从垂直传播模式向水平传播模式的转变。在以前，像我们这样的经营者会根据线上（ATL，above-the-line）和线下（BTL，below-the-line）的营销产品设置来交互。但是近年来，这些方法已经不再重要了。实际上，发布者和接收者处于同一级别，并且彼此交互。

这使我们比以前能更多地接触到大众的意见，对于与产品或服务有关的任何问题，人们可以在很短的时间内即时互动、传播消息或吸引人们的关注。品牌和零售商的业务供给是由客户来定义的，是一种共同设计的价值主张。

在我看来，零售 4.0 时代也意味着品牌忠诚度的发展。我们的客户平均每年访问 7 个不同的销售点，包括大卖场、超市和折扣店。他们对商店招牌的忠诚度已经减弱，甚至可能会抵制这种形式。但是，我们行业的主导因素仍然是邻近性。由于人口老龄化，我们的客户不太可能驾车来购物，所以我们也可以从社会人口统计学的角度来解读该现象。因此，当我们有机会在顾客住宅附近开设小型商店时，就会与那些每周光顾商店 3～4 次，每次只购买未来 24～48 小时所需的商品，并且不会携带大量物品的顾客打交道。

零售业的另一个重大变化无疑与数据的使用有关。与以往相比，如今的客户关系管理要先进得多。以前在大型零售领域，我们一直有大量可用的数据，近年来，在将这些庞大的数据库转换为可从中提取有价值的信息的宝库方面取得了巨大进展。最后我们得到了关于我们的客户的精准描述。

家乐福公司会如何应对这种情况呢？

家乐福正在果断地朝着简化供应的方向前进，以便尽可能地适应人们的需求。在某些情况下，这意味着我们只关注与消费者真正相关的内容，而在其他一些情况下，我们会尽力根据目标社群的需求来设定模式。

在技术使用方面，我们已经与 Facebook 和谷歌等公司签署了重要的合作伙伴协议，这使得我们能够朝着你在"个性化"原则中所描述的方向前进。通过这种方式，我们可以根据用户在搜索引擎中键入的关键字，或者根据他们社交档案中的信息，向他们提供个性化的服务。比如，我们目前正在意大利市场上进行一个试点项目，如果顾客已在自己手机上打开地理位置定位开关，那么当他在谷歌上搜索咖啡信息时，将会获得折扣券，并可以在最近的家乐福门店进行消费。

另一方面，在 Facebook 上，我们通过邮政编码进行搜索，并确定与特定商店相关的客户群，然后通过兴趣或爱好对其进行筛选，并尝试获取相关信息，以尽可能准确地对其进行细分。定义了集群后，我们将为人们提供有针对性的供给。如通过 Facebook 的人工智能来分析照片、帖子、档案数据等，举个例子，假如我们知道某个客户养狗，我们就可以为他提供狗粮的相关信息。目前这也是一个试点项目，但我可以自豪地说，它已经可以算是最佳实践，我们在其他市场也会这样做。

最后，我们与联合利华公司合作启动了一个与牙刷有关的项目。我们通过分析销售数据来了解客户一年购买了多少支牙刷，并且输出与牙刷相关的知识来提高人们对定期更换牙刷重要性的认识。这是为了维护他们的健康，当然也是为了提高我们的营业额。

你认为未来 3～5 年会有什么发展？

我认为未来 3～5 年我们的行业不会发生巨大变化。从历史角度来看，我们在追踪趋势方面发展相对缓慢。我们考虑过购物时使用智能手机的潜力，其可能性和好处是无穷的，但拿着手机在超市里购物却并不方便，例如在服装店里挑选鞋子时。在食品店中，智能手机的使用率并没有像在其他行业中那样迅速增长。

在我看来，我们必须尽快完成采购发货，并以适合的产品关联方式打造产品组合，避免客户遗漏任何商品。根据我们的经验，每当我们进行一项能延长顾客在商店中停留时间的技术创新时，都会遭遇失败。另外，对于许多人来说，去超市只是"功能性"需求。因此，我赞成你在"无形化"原则中所说的，再强调一句，鉴于提高效率和减少情感投入的需要，该原则在我们行业可能比其他原则更重要。

你可能会相信，诸如自动付款机之类的解决方案在理论上可以使顾客加快结账速度，并广受欢迎，但实际情况却与之相反：大多数人不想将精力投入到自助结账中，他们喜欢与收银员之间的互动，尤其是当收银员表现出对顾客的关注并试图建立对话的时候。

我敢说，商店，尤其是那些大型零售商店，可以代表人们回归人性和社会性的舞台。这有点像在经历了科技与社交媒体的狂欢之后，人们希望再次见面并聚集在商店周围，就像过去在广场、商业街和市场上发生的那样。这就是为什么我认为你在书中所描述的"人性化"原则对我们来说至关重要。

我坚信邻近性商店可以被视为社区建设的参考项。在今天，它们已成为一个聚集的地方，一个人们因需要而团结在一起的集会场所。总而言之，我要说的是，在不久的将来，有组织的零售活动将会发生显著变化。

可奇奈儿（COCCINELLE）

安德里亚 · 巴尔多（Andrea Baldo）
CEO

所属行业：时尚（箱包及配件）　　2017 年营业额：9 000 万欧元
销售点：144 家　　　　　　　　　coccinelle.com

零售 4.0 时代对你来说意味着什么？

零售 4.0 时代意味着赋予消费者权利。它不是市场营销的新理论，一直以来我们都在讨论它，但数字化转型能够使这一概念成为现实。这种范式的转变体现在人们对品牌的不同态度和看法上。他们所经历的全新的、更复杂的客户旅程可能是最值得关注的例子。人们已经明白，他们是购买和消费决策的主角，他们认为零售商应该正视这个前提。

这对我们意大利人来说有点难以接受。因为我们的国家以及企业家和管理者有着以产品为中心的传统。我们一直专注于产品创新，并为拥有比竞争对手更优质的产品而奋斗。然而，问题在于，处于"中心"的消费者并没有像商品制造者所预期的那样理性地选择产品。许多企业仍在比较谁能提供最佳性能，但现在已经过时了。过去，信息不对称使营销人员处于有利位置：如果产品或服务有效，那么成功几乎唾手可得。

在互联互通的时代，这已不再可能了。销售人员与客户之间的沟通对于达成购买意向至关重要。正如你在本书中指出的那样，产品质量在某些方面是先决条件，而口碑营销往往比广告宣传更重要。

因此，在介绍产品之前，我们必须先讲述品牌故事。品牌始终善于谈论自己，善于讲述令人兴奋和令人信服的故事。但现在，消费者们正在积极地为这种讲述做出贡献，这已不再是公司的特权，因此也给我们带来了新的挑战。

在我看来，零售 4.0 时代的最终功能是通过数字的力量实现的，它打破了企业可能构成的任何地域和时间障碍。如今，一个品牌没有义务建立一个主流产品，但它的产品有可能会分布在更多的国家或地区，甚至很小的利基市场。你在"策展化"原则中谈到利基市场营销的那段话，准确地表达了我的这种想法。

可奇奈儿公司会如何应对这种情况呢？

可奇奈儿公司确实决定将消费者置于中心位置。我们知道我们的产品一直有良好的性价比，但我们已经了解到在客户周围建立坚实的品牌体验的必要性。为此，我们选择将零售作为第一个投资领域，但与此同时，我们也开始认真研究数字渠道和社交媒体。我们雄心勃勃地为自己设定了一个目标，即重新调整所有客户体验，以传达与品牌价值一致的故事为驱动力，围绕销售渠道构思故事。比如，社交内容总是会出现在我们的电商页面上。

在可奇奈儿公司，我们认为商店不仅要介绍产品，而且还要说明相关体验（第一位）。我们认为，在设计米兰新旗舰店时，我们邀请了来自世界各地的建筑师，目的就是要创造一个让人愉快地消磨时间的空间，一个能够发挥更广泛功能的地方，而不仅仅是出售皮革配件的店铺。这样设计出的商店就成了消费体验的平台。

只有沿着这条路走，我们才能给那些想在社交媒体上进行分享的客户留下难忘的回忆，并促进我前面提到的口碑营销。而且，如果我们参考传统的指标，那么我们还能提高每平方米店面的使用效率，增加产品类别之间交叉销售的可能性，让人们在门店里结束始于线上的购物体验。

在本书广义上阐释的原则中，我还想谈一谈"人性化"原则。实际上在过去，我们开展了各种社会活动。例如，我们为一些特殊活动设计了独特的商品，以提高人们对道德和社会问题的认识，并支持我们所推崇的非营利协会。我们主要是在本地开发这些业务。

目前，我们正致力于一个全球项目。2018 年圣诞节，我们与其他品牌一起参与一项倡议，阐述我们认为有必要对这个社会实施的改革。门店成为这次活动的举办场地，同时也是这个故事开始传播的地方。

你认为未来 3～5 年会有什么发展？

我想每个人最终都不得不离开舒适区。我们将被呼吁去进行尝试、试验、学习和再次尝试。这就是为什么我认为最重要的原则应该是"勇敢化"。在这样一个变幻莫测、瞬息万变的世界里，成功没有公式，也没有现成的规则。本书总结的十条指导原则非常有用，就如同一条可以单独遵循和深化的路径，因为它们会因情况不同而演化出不同的含义。每个管理者在工作中都可以参照这些原则，然后在这个基础上建立自己的竞争优势。

展望未来，我对我在"个性化"原则中所读到的内容深信不疑。对于可奇奈儿公司所处的行业来说，提高产品与市场的契合度至关重要，它能够根据市场需求，在其产品供应中实现效率和效果的最大结合。换句话说，我们将不得不创造出能够摆脱时尚界常见命运（极少一部分产品以全价出售，其余产品打折出售）的产品。凭借我们公司所掌握的信息和数据，产品与市场的匹配度一定会得到提高。

我们正努力根据目标群体和角色来进行定制，我们向设计师提供不同类型的信息，以便为客户设计出符合他们期望的产品。

但要实现真正的个性化，道路是很漫长的。我们相信个性化的是关系，而不是产品。我确信，可奇奈儿公司的价值还在于客户可以使用品牌提供的不同组件来"玩"他所购买的商品，创造属于他们自己的东西。为此，至关重要的是给人们表达的空间，而不是公司打造完美产品的能力。创造出完全符合预期的产品在技术层面上是困难的，而且我不确定从长远来看是否会产生忠诚度，因为这还需要借助于品牌与人之间的关系中的娱乐性的一面。

从这个角度来看，我认为 DIY（自己动手做）是一个绝好的机会，因为它能让客户在特定的"画布"（一个精心准备的，能让客户有机会在完美的产品中表达自己身份的基地）上开始参与"他们自己"的产品的创造。

巴黎迪士尼乐园（DISNEYLAND PARIS）

朱丽叶·布龙（Juliette Bron）
数字业务副总裁

所属行业：娱乐，主题公园   2017 年营业额：12 亿欧元
2017 年访客人数：1 480 万   disneylandparis.com

零售 4.0 时代对你来说意味着什么？

援引你提出的第一条原则，我认为零售 4.0 时代首先意味着"无形化"。

我们的使命是创造"魔法"时刻，让我们的客人"忘记"周围的世界。创造这样沉浸式且吸引人的体验的（每年可供数以千万计的人轻松使用）唯一方法，就是让我们的组织机制的复杂性完全隐藏在幕后。

在评估技术创新时，我们采用相同的方法，首先确定用户的真正需求，然后在实际推出之前对潜在用户群体进行多次测试。理想情况下，顾客不需要付出任何努力就能充分享受我们提供的服务，因此，我们始终努力简化公园内的每种体验，并尽量减少任何"摩擦"。用户的中心地位指导我们的所有决策。这也适用于我们的 3 000 家供应商、8 500 间客房的客人以及 55 家餐厅和 13 家咖啡馆的顾客。

零售业当前阶段的另一个重要方面涉及你在"无缝化"原则中所阐述的内容。例如几年前，我们的网站虽然使用多语言系统，但向所有客户传达的是相同的信息。但是在今天，我们觉得必须更及时地回应客户的需求，根据设备类型、客户连接的地点、对迪士尼世界的熟悉程度以及对我们乐园的了解程度来提供不同的内容。显然，当你决定"订制"与客户的关系时，由于客户可能会完全迷失方向，所以确保所有触点之间的一致性和和谐性就变得更加重要。这种复杂性直到几年前才完全消失，然而在今天却无法避免。

巴黎迪士尼乐园会如何应对这种情况呢？

我们正在用你在"勇敢化"和"指数化"原则中描述的方法来管理数字化转型。一方面，我们总是试图质疑我们的价值主张，并关注客户体验以及纠正影响体验流畅性的缺点。我们通过遵循你在"勇敢化"原则中所描述的精益创业方法来进行操作。我们会尽快将我们的想法应用于原型当中，在潜在客户群中进行测试，并尽可能多地吸取有用的技巧来改进下一个版本的原型。得益于这一过程，我们进行了一些创新，比如刷卡服务可以让顾客在公园内自由活动，打开酒店房门以及尽可能地预订服务和景点门票，而不用随身携带现金或信用卡。甚至连巴黎迪士尼乐园的官方应用程序也是基于这些原则设计的，我们希望它能基于简单化和个性化原则，成为客户体验的"控制面板"。

另一方面是关于开放式创新，我们最近开设了城堡中心

（The Castle Hub）——一个寻求与初创公司合作的在线平台。我们认为与那些能够直接为客人提供有趣的解决方案的人建立合作关系至关重要，尤其是当他们可以轻松融入我们的运营的时候。我们为这些企业家提供机会，让他们在一个有标志性意义的、作为世界上最重要的旅游景点之一的地方创造产品或提供服务。当然，选择最佳团队合作的竞赛是以迪士尼的方式进行的。我们邀请了 8 家选定的初创公司现身乐园，并在我们最受欢迎的景点之一——恐怖塔（Tower of Terror）上进行规范的电梯演讲。一个由专业人士和营销人员组成的评审团根据其 3 分钟内提出创意的能力来选出获奖者，而塔台的专用电梯则以极快的速度上下运动。据所有参赛者说，这是他们参加过的最刺激的比赛。此外，我们还有机会接触到非常有趣的实物，并可能会据此开发出与公园景点相关的项目。

一个有趣的例子是初创公司 Lineberty，我们与它合作创建了一个代码管理服务项目。很快，它将完全在我们的官方应用程序中运行，顾客可以下载带有连续号码的虚拟门票，只有当某个景点轮到他们进入时才可以去下载，因此顾客就无须排队等候了。

你认为未来 3～5 年会有什么发展？

2018 年 3 月，我们宣布了一项投资达 20 亿欧元的巴黎迪士尼乐园扩建计划。新的发展计划将包括对沃尔特·迪士尼工作室公园的改造，增加许多新景点和现场娱乐表演。该公园还将开辟三个分别以漫威、冰雪奇缘和星球大战为主题的新区域。数字化创新将在乐园的发展过程中发挥核心作用，它通过增强现实和虚拟现实技术提供沉浸式体验，并通过新的官方应用程序提供游客与乐园服务之间互动的新方式。我认为，我们和其他行业的企业一样，必须采取敏捷的方法来规划未来，并能够迅速适应日益增长的消费者需求。在我们的案例中，考虑到来自不同国家和地区的大量游客、游客们不同的数字化素养以及对我们"产品"的熟悉程度不同，开发解决方案至关重要，这些解决方案的提出得益于对数据的分析和仔细研究，从而最大限度地让体验个性化。

实际上，你在"个性化"原则中所描述的是我们未来几年的学习重点之一，这就是为什么在巴黎迪士尼乐园，我们非常重视收到的反馈，并试图从每次互动中获得有用的信息，我们可以据此改进我们的服务。在未来，我们将尝试使用智能学习技术，实现数据处理的自动化和高速化，这样我们就可以离顾客越来越近，也能让我们的乐园之旅令人难忘。

吃在意大利

奥斯卡·法里内利（Oscar Farinelli）
设计者和创始人

所属行业：食品　　　2017 年营业额：5 亿欧元
销售点：42 家　　　　eataly.net

零售 4.0 时代对你来说意味着什么？

对我来说，零售 4.0 时代是数字化转型的代名词，而数字化转型意味着人工智能和互联网世界的结合。我认为，这是人类历史上仅次于火的第二项重要的发明。事实上，如果你仔细想想，数字化已经产生了巨大的革命性影响。从政治到贸易，再到社会，我们正在目睹人们生活中各个领域的时代性变化。因此，我们必须意识到这种变化及其携带的力量。

如果我们具体研究一下零售业中的数字应用程序，就很容易发现线上销售的无限可能性是一个关键问题。通过分析电子商务在哪些领域的地位已经稳固，我们可以看到，在价格变量总体趋于平稳的情况下，初始情况普遍恶化。之所以发生这种情况，是因为人的本性决定了当其接触到一项伟大的发明时，会经历一个对它感到不确定和接受它有些困难的初始阶段。

这一阶段发生在数百万年前火出现的时候，而如今在人们面对数字革命时也出现了这个阶段。面对一个划时代的发明，一开始我们不知道如何征服它，也可能会被盲目的喜悦冲昏头脑，有时还会飘忽不定。在数字化商务中，问题就在于人的目光会变得短浅，这会使我们局限于利用线上购物的便利性当中，因此导致之前许多良性运转的市场陷入困境。

另一方面，即使很少有经营者能够成功地管理公司所有的零售业务，食品市场在零售 4.0 时代仍处于积极状态。尽管亚马逊本身是世界上最大的零售商，但仍然需要收购一家陆上公司，即一家对所售产品的诞生地有深刻了解的实体零售商。这清楚地说明，线上与线下的边界正在逐渐变得模糊，但重中之重是不能违背消费者的期望。

吃在意大利公司会如何应对这种情况呢？

从绝对意义上讲，"商家"是指购买另一个人生产的商品并将其放在货架上的人，无论它是虚拟的还是实体的，都管理着生产者的创造力和选择，即管理着最终消费者的需求。它具有关键作用，但与其他两方参与者相比无疑创造力较少。吃在意大利也处于这两种力量之间的十字路口上，但是我们一直在努力扩大我们的机动空间，以期成为这个三角形中最具创造力的力量，并为我们所有的客户提高附加值。

对我们来说，幸运的是，许多消费者超越了交易范畴，对产品的使用体验表现出了兴趣。让消费者体验实体市场——一个由颜色、气味和味道所组成的场所的奇妙之处是至关重要的。正是在美食和美酒领域，吃在意大利最能表现出其作为杰出"策展人"的潜力和创造力。人们甚至会出于娱乐或好奇心理而进入我们的店。这方面的数字显然说明了这一点，例如我们位于纽约市中心的门店多年来一直是曼哈顿地区人流量最大的五个地方之一。

零售 4.0 时代的另一个中心主题是在商店中引入新技术。我们希望将来我们的商店会因各种数字媒体而变得丰富起来。但是，也必须始终考虑消费者的实际需求。只有这样，我们才能够谨慎选择最合适的技术手段，而不是只关注应用程序本身。吃在意大利感兴趣的是让收益大于其实现手段。

从这个意义上讲，我真的很喜欢你在"无形化"原则中所表达的理念。在无任何入侵性的技术创新被证明是有用的之前，吃在意大利将保持一种完全类似的体验。另外，数字化具备了另一个基本作用——那些跨过我们商店门槛的人对产品已经有了一定的了解，并且能够专注于购买在消费体验中最打动人的元素。

在数据问题上，我认为需要深刻反思。大型数字化企业能够追踪到我们的偏好、情绪、行为。但我认为，所有这些都是在侵犯人的隐私。我甚至反对发放会员卡，在我们的店，我们没有会员卡。我们不想以令人厌恶的方式向客户索要更多信息，也不想经常联系他们以销售更多产品。我们认为，这种对隐私的尊重最终会给我们带来巨大的回报，我们的客户也很欣赏这一点。

你认为未来 3～5 年会有什么发展?

我想大胆预测一下。除非尊重数学，否则线上销售市场永远不会像实体市场那样健康和正常。统计数字迟早会让一切恢复正常，在线产品的价格绝对会高于店内购买价格。在实体店，许多活动是交给消费者去做的：开车或乘车去商店，从货架上取下商品，将其放入购物车，等等；而在线上销售中，人们只须在网站上做出选择，就可以舒服地在家中收到所下单的商品。因此，商家必须有专人负责货物的出库、包装、运输和交付。毫无疑问，电子商务所要承担的成本要比传统商店高。如果所有网店都在努力维持收支平衡，这绝非偶然。

因此，我相信将来我们会看到价格调整和反转，线上的价格会高于线下的价格。最后，我要强调，就该行业的未来发展而言，唯一可以确定的是——正如你在"勇敢化"原则中的正确表述，我们需要勇于接受变革，必须避免躲在恐惧中等待危险过去的"鸵鸟方法"，要分析情况并尝试新的解决方案。勇气是零售商能继续在市场上经营的唯一操纵杆。

汉高（HENKEL）

拉明·克雷斯（Rahmyn Kress）
首席数字官

所属行业：快速消费品　　　2017 年营业额：200 亿欧元

henkel.com

零售 4.0 时代对你来说意味着什么？

我认为理解零售 4.0 时代的一个好方法是反思可用性（availability）的概念。几年前，信息和内容的可用性还很有限：人们要等到固定时间才能观看电视节目，并且不得不从有限的频道列表中进行选择；人们在邻近商店购买大部分商品，如果是从其他城市或跨州的经销商处购买，则要等待数周。最重要的是，人们平静地接受了这样一种想法：他们无法获得有关他们所购产品和服务的企业经营状况的可靠信息，而且他们认为这种情况是完全正常的。

如果根据日常生活来回顾可用性的概念，我们会立即意识到现在已经发生了很多变化，并且会感受到所谓数字化转型的影响。实际上，我们已经目睹了地区污染、距离缩短、市场准入民主化、行业和消费之间信息不对称的减少等方面的影响。与过去相比，今天我们可以获得种类繁多的商品。这种转变已经并且正在对每个行业产生重大影响，消费者也越发意识到这一点。

近年来产生的变化也明显冲击了品牌忠诚度和企业社会责任。在预连接时代，这两个概念都是建立在信息不对称基础上的。企业更容易控制关于它们自身的信息的传播。人们无法了解其商业背景，以至于每一次企业消息泄露都会引发真正的丑闻。很明显，在今天，这样的情况已经不复存在了，正如你在"忠诚化"和"人性化"原则中有效论证过的那样。在数字时代，如果企业想要获得并保持客户的信心，他们必须武装自己，为每个人提供有形的价值来换取他们的偏好。从某种意义上来说，在商家非常了解公众的习惯和品位并可以预测趋势的情况下，我们是在利用技术恢复商店与其最忠实的顾客的关系。

汉高公司会如何应对这种情况呢？

我相信，每个公司都应该对"数字化转型"的概念做出自己的诠释。根据不同的市场部门、数字革命所处阶段、公司的愿景、公司的数字化成熟度、目标的数字化素养等因素，公司必须做出不同的选择，从而产生不同的结果。为了解公司将要进行的转型过程，我提出了"三种视野"理论。这个模型适用于各种现实情况，但显然结果是不同的。

视野 1：将数字技术应用于公司的核心业务，旨在提高公司的效率，提高产品质量，减少对环境的不良影响，预见公众的需求和愿望，解决问题，等等。

视野 2：专注于如何通过试验新产品和服务，设想其他商业模式，利用新平台刺激销售等方式来推广公司的价值主张。在这种情况下，公司的主要目标是预测需求的变化，以及无论其储备如何，要为未来付诸实践。

视野 3：这种情况，我称之为"登月计划"，即真正的"探险"是为了发现未知领域，甚至是远离商业区。

我认为，每一家公司都应该把这三种视野放在心上，对它们给予正确的关注，分配适当的资源，并制定明确的目标。值得一提的是，理想的资源配置应该是 70% 在视野 1，25% 在视野 2，其余 5% 在视野 3。要记住，必须根据视野的变化和已经取得的成果，定期重新考量资源分配。

在汉高公司，我们坚信你在"指数化"和"勇敢化"原则中所阐述的内容。我坚信，人力资源在今天比在以往任何时候都更能成为公司的主要资源，对培训的投资意味着对未来的投资，这与你在"人性化"中有关销售人员的具体案例中所处理的赋能问题相关。因此，我们启动另一个"汉高数字学院"（Henkel Digital Academy）的项目并非偶然。该项目旨在使我们的员工能够自我更新并加深他们对数字化和技术发展的了解。

你认为未来 3～5 年会有什么发展？

我相信，未来几年，企业的首要任务之一将是充分了解技术在其核心业务中的作用。技术就像氧气，人们需要用它来维持生存，但随后人们必须独立决定如何生活下去，必须将其视为实现特定目标的一种手段。

　　当然，数据对于每个人来说都是必不可少的，但如果没有对"为什么"和"是什么"的初步解释，就会对追求既定目标本身的中心地位造成威胁。要做到这一点，唯一的方法就是与客户沟通，了解他们的需求并预测他们的愿望。从这个角度来看，技术无疑可以发挥核心作用，特别是对于那些没有销售渠道特权的企业来说。回到意图上来，我认为主要的挑战之一将是，理解如何以一种对社会负责同时对企业和价值链中的利益相关者都有益的方式使用数据。仅仅为了商业目的和增加销售量而利用数据的可能性将不再被接受。相反，回报价值、不断改进产品和服务以及解决问题将变得至关重要。价值主张的概念本身会变得非常灵活，这将促使公司不断倾听和做出高敏感度的反应，从根本上改变其心态。

　　"指数化"和"勇敢化"原则无疑是决定企业未来几年成功与否的两条准则。我也认为人们正在改变，他们将越来越多地尝试更好地平衡私人生活和工作，更加自觉和谨慎地消费，并希望他们所购买的产品在生产和销售环节必须尊重环境，能与社会和谐共存。越来越多的人将不再需要品牌支持来定义身份并塑造形象。其社会地位将取决于他们选择（和不选择）购买什么和消费什么。

汇丰银行（HSBC）

查理·纳恩（Charlie Nunn）
零售银行与财富管理 CEO

所属行业：银行和金融服务　　　2017 年营业额：210 亿欧元
分支机构数：4 000 家　　　　　hsbc.com

零售 4.0 时代对你来说意味着什么？

在我们这个行业，我们正在见证由线下向线上的重要转变期，特别是在小额资金转账等最简单的交易方面。但对于全球 3 700 万客户，我们有责任在开展实体和数字业务与遵守当地法规之间保持平衡。更重要的是，我们必须考虑人们所习惯的服务类型。鉴于所售产品的性质（例如家庭保险）或所针对的客户类型（例如那些缺乏足够数字化素养的人），我们的某些服务仍然需要进行传统的面对面交流。

在这些情况下，运用你在"目的地化"原则中所阐述的内容就非常重要了。作为一家银行机构，我们需要面对非常精确的客户期望，为了证明客户拜访分行的合理性，我们需要为客户提供有形的增值服务。

话虽如此，很明显，银行也正在成为数字化企业，我们不仅要与同行竞争，而且还要与众多涌入竞技场的其他参与者竞争，其中当然包括一些具有高度垂直组织结构的纯数字化企业。能够证明这一点的是，过去 10 年中，在实体空间中进行的交易数量逐年下降，持续降幅约为 5%。这在许多市场中都已经发生了。

人们已经被数字原住民企业"训练"得要追求更高级别的客户体验，现在他们也期望我们提供同样高质量的服务。正如你在"无缝化"原则中所指出的那样，这种情况需要数字和实体触点之间的无缝结合。

不管是哪一个行业，我认为零售 4.0 时代首先意味着企业要通过与环境相关的个性化及适当的体验来取悦客户，从而使每次交互都有意义。从这点上来说，我完全同意你在"无形化"和"个性化"原则中的阐述。

汇丰银行会如何应对这种情况呢？

我相信，只有当汇丰银行能够运用你在本书中提出的原则时，它在未来才会继续发挥重要作用。实际上，我们正在跨越所有渠道、设备和平台来创建越来越简单、轻松和实用的客户体验。我们最近发布了一款名为关联资金（Connected Money）的应用程序，它允许人们不管其属于哪个信贷机构，都能在同一地点对不同的银行账户进行分组。多达 21 家银行的客户可以轻松查询有关余额、抵押、贷款和信用卡的信息。该应用程序还具有资费分析功能，可以向用户显示账单到期后的存款金额，以及另一个可以接收财务提示和信息的消息传递选项。目前，该服务正在英国推行，但我们计划将其迅速扩展到其他市场。这款应用程序的主要目的是简化人们的生活，让人们清楚地了解他们的整体财务状况，而不必通过不同平台访问自己的银行账户。

对汇丰银行非常重要的另一条原则是"指数化"，因为我们坚信，受益于第三方资产、技术和平台的设计是能够简化人们的生活方式。我们知道，我们无法为经营的每一个市场内部开发全部的内容，这样既没有效率，也没有效果，所以我们在不同市场与许多公司和初创企业合作。

最后，我想提供我们对"策展化"原则的诠释。鉴于金融服务在支持许多其他业务中所扮演的角色，我们将这一原则应用于多个市场。例如，在香港，我们推出了一款奖励应用程序，让零售企业和我们的合作伙伴有机会接触并使用新的方式来联系客户。特别是我们会使用大数据分析来生成个性化消息，并发送到最终客户的手机上，帮助他们在不同商店的消费中获取价值。

你认为未来 3～5 年会有什么发展？

首先，我相信，今后我们必须要将你阐述的"无形化"和"无缝化"原则更加具体化。要做到这一点，唯一的办法就是重塑银行服务的方式。对于我们的客户来说，填写冗长的表格或等待几天才能兑现支票是令人不悦的，而且与人们使用其他平台的习惯或其他行业运营的方式相比，这显然是不合时宜的。

但是，我们还必须与立法者紧密合作，以促进这些发展，让最具创新精神的公司参与其中，并使这项业务更加灵活。这是这个虽然非常僵化但在社会中仍起着重要作用的行业进行转型的唯一途径。在许多国家，我们通过使用智能手机和生物识别安全技术（如语音、指纹、面部识别）在数字支付领域取得了巨大进展。然而，在其他市场，人们仍然通过现金或纸质合同来完成交易，而这些合同的订立也需要有关人员亲自到场。

我们行业的另一个大好机会是使用人工智能和机器学习。如今，在某些市场中，我们已经通过聊天机器人与客户进行互动，处理简单的请求并解决一些并不复杂的问题。这能够使我们加快许多服务的交付速度，并使我们的员工有机会专注于可以带来更大附加值的领域。人工智能的重要性在于我们不仅能够通过它理解人们的需求，而且能够通过它识别人们的语调，以及回到人们在与银行建立联系时更喜欢的互动方式。在客户允许的情况下，人工智能还可以用来提供高度个性化的建议。

这不可避免地将与我们员工的技能的发展保持一致，员工必须专注于人类会继续发挥作用的所有领域的发展：情商、同理心、创造力、灵活性、非语言交际和解决问题的态度。银行用户界面的这种范式转变也需要开发新的工具和培训模式。这就是为什么我坚信你最后提出的"勇敢化"原则行之有效。我们必须勇敢地、开放式地转变我们的业务，以使其与我们所处的数字时代更加协调一致。

克洛·米兰（KIKO MILANO）

克里斯蒂娜·斯科基亚（Cristina Scocchia）
CEO

所属行业：化妆品　　2017 年营业额：6.1 亿欧元
销售点：950 家　　kikocosmetics.com

零售 4.0 时代对你来说意味着什么？

对于我们来说，零售 4.0 时代主要是指全渠道和流动性。近年来，我们的行业变化迅速，主要原因是数字化转型的到来，而且随着时间的推移，它已经经历了多个阶段。

在第一阶段，销售的数字化带来了一种普遍的兴奋情绪，导致该行业的大多数参与者投入大量资源发展电子商务。随着时间的推移，我们有了一个新的认识：重点不再是处理实体渠道销售和数字渠道销售之间的关系，而是要围绕消费者建立一个生态系统。这个生态系统旨在销售更多商品，而不必在意交易通过什么渠道来实现。这个生态系统必须严格按照你在"无缝化"原则中所描述的全渠道策略来进行。今天的消费者经历的是真正精彩的旅程，包括与品牌短暂而反复的互动，这些互动既发生在线上，也发生在线下。这就是为什么我们必须把重点放在整个生态系统上。

在全球化妆品行业中，只有7%的销售额是通过电子商务实现的。因此，按照我刚才描述的逻辑，我们所面临的挑战是不能因为这个百分比而士气低落，而是要扩大视野，摆脱对渠道的偏见，致力于开发整个生态系统。

我们不必开发纯粹的数字交易平台来使在线销售额最大化，而是可以通过网站影响那些目前仅使用传统渠道购买产品的消费者。我们必须建立一种数字体验环境，以实现消费者所期望的最真实的交互，为从交易性方法转向体验式方法提供机会。

克洛公司会如何应对这种情况呢？

结合你在"目的地化"原则中所说的内容来看，最大的投资领域之一是创建多功能目的地商店，尤其要注意体验者的范围。除此之外，正如"人性化"原则所描述的，商店的角色也变了。

对于克洛公司来说，体验这个话题一直是最有趣味性的内容之一。它在昨天是我们的感知，在今天是市场运作的必要条件。因此，我们会关注购物体验的每一刻：接待方式、音乐、氛围、帮顾客试用化妆品并展示如何使用化妆品的导购工作以及完整的化妆服务。因此，我们的客户喜欢到我们的商店来。他们知道克洛是一个真正的目的地，他们可以在其中试用各种类型的产品，获得有价值的建议，并以一种自在的方式与朋友们分享乐趣。

此外，我们感兴趣的不仅有积极的体验，还有个性化的体验。回想起我在"个性化"原则中读到的内容，今天的人们不再需要任何无法满足他们特定需求的东西了。因此，在旗舰店内，我们引入了机器人，借助该机器人，客户可以定制产品。这项服务除了能满足消费者的需求外，还使我们能够收集到非常有价值的数据，对这些数据重新进行加工将为我们所要开展的动态个性化过程提供重要动力。

谈到如何使商店的角色更丰富的话题，一项重要的工作就是做活动。当然了，这一方面是一种制造流量的策略，但另一方面也是一种向社区开放的方式。与你在"人性化"原则中所说的相似，中东和巴西的克洛门店变成了一个可以喝鸡尾酒和品尝小吃以及欢度时光和聚会的地方。为此，我们将商店提升为社交聚集地，我们的最终目的是围绕品牌打造粉丝群体。

关于社交媒体的使用，我们认为有必要从"对目标讲话"转向"与目标对话"。考虑到这一点，在通过社交网络进行交流时，克洛公司力求将自己与对话者放在同一水平上，不过滤对话内容，而是让人们自由谈论品牌，并反过来创造内容。通过这种方式，我们努力远离自上而下的交流范式，与公众平等地展开建设性对话。

你认为未来 3～5 年会有什么发展？

鉴于我们所处环境的不断变化，做出确切预测几乎是不可能的。当然，没有人会犯"安睡在王冠上"这样的错误——希望今天的竞争优势永远持续下去。关键是，如果企业在业绩仍然向好的时候不重塑自己，而是出现了等待改变和转型的负面信号，那企业就有可能遭遇陷入严重危机、失去市场地位的风险。因此，对于克洛公司来说，必须遵循"勇敢化"原则。我们必须从与客户的积极对话开始，继续尝试新的解决方案。

我们也在努力建立一个新的忠诚标准。为了做到这一点并摆脱"忠诚卡"的概念，我们希望通过收集和交叉尽可能多的数据来重塑我们的客户关系管理（CRM）。通过这一工具，我们将能够建立我在采访开始时所说的生态系统，并努力为人们提供一个重要的激励机制。

此外，影响客户关系管理的创新将遵循你称之为"指数化"的原则。具体来说，我们正处在一个探索阶段，目的是找到具有创新性的和真正具有颠覆性的解决方案，从而提高客户的参与度。

技术无疑是未来发展的一个关键领域。我希望人工智能在未来几年里得到越来越多的发展，并帮助我们推动定制化和个性化过程，使其变得主动、流畅和无形。一个现有的应用就是智能化妆镜，顾客能够通过化妆镜选择想要购买的产品来预览特定的化妆效果。

拉马丁纳（LA MARTINA）

恩里科·罗塞利（Enrico Roselli）
欧洲地区 CEO

行业：运动和休闲服饰　　　　2017 年营业额：未知
销售点：80 家单品牌店　　　　lamartina.com

零售 4.0 时代对你来说意味着什么？

　　实体世界的重要性对于那些诞生于数字世界的企业来说也同样是显而易见的。这是因为在销售产品或提供服务的过程中，有些阶段是完全体验式的，只能通过线下进行。毫无疑问，实体商店的结构正在发生变化。这种类型的商店必须结合直接提供的体验，以便在品牌周围创建一个由实体和数字组件无缝驱动的社区。商店只有成为与目标群体相关的利益中心，才有可能取得成功。

　　实体世界与数字世界之间的这种重新平衡将产生巨大的影响。例如，零售业与房地产市场会紧密相连。后者将受到很大的影响，正是因为与现在相比，将来的商店会更少，而仍在营业的商店承担的功能也与之前不同。商店现在所占据的空间在将来可能会有其他用途，而不一定是商业用途。因此，这些建筑的价值将发生很大的变化。例如，在某些特殊情况下，品牌引导客流量的能力非常强，以至于小区物业价值几乎降至零，并且开发商愿意借助该品牌的吸引力免费转让其开发权。试着了解一下位于一些大型购物中心内的锚点商店（anchor shops），人们就会明白了。

公司战略方面将受到非常大的影响。如果将来在数字世界中诞生的企业决定开设一家商店，它在选址时将不再只考虑潜在的热门地段。取而代之的是，它将分析购买者的数据，例如居住地或发货地，并且多数情况下会在房产价值较低的住宅区开店。因此，这将会发生一个完全的范式逆转。

事实上，销售点的功能正在改变。一方面它越来越像一个展厅，另一方面它成为人们聚会的地方，因此它成了一个包含两个基本要素的俱乐部。

一个是实体接触的维度，即在真正的俱乐部中进行的活动。人们在此见面，并因共同兴趣而产生一致的感受，而品牌是"唯一"的催化剂。另一个是娱乐性方面。正是因为有特别的兴趣，所以这些人希望品牌可以组织与其兴趣相关的一系列活动或推出相关服务。品牌在商店周围建立一个社区，人们之所以想去那里，也许是因为他们找到了解决具体问题的方法，能够获得比其他地方更好的服务或独特体验。

拉马丁纳公司会如何应对这种情况呢？

结合我上面所说的，我们正在尝试的一项举措是利用门店举办从品酒会到音乐表演等各类活动。这些活动尽管从战略的角度进行了定义并设计了完美的框架，但是仍然需要仔细地进行衡量，因为它们需要特定的人员培训、辛苦的准备工作以及后续的复盘过程。

从定义上讲，拉马丁纳是"社交性"的，因为它围绕着特定的兴趣点（极点），与粉丝群体保持着密切联系。但是关键就在这里，这些已经远远不够了。我们需要了解我们在体育行业所代表的是什么，并且要能够清楚地宣传这个品牌所表达的价值观，以便它成为更广泛的受众的催化剂，从而在更广泛的意义上让客户体验与我们的价值观相结合。

我们必须重视俱乐部里正在发生的事情，除了"积极"的成员之外，还有"支持者"，他们因共同的热情和价值观而对某个社区有着强烈的归属感，并希望成为它的支持者。我们在对是否引入创新解决方案进行评估时遇到的主要障碍是管理者和合作者的习惯难以改变。这就是为什么我们会非常努力地培养你经常提及的以客户为中心的文化：优先考虑对我们的客户来说最重要的事情，并且要支持公司的员工，帮助他们改变习惯，这样，当我们采用新的解决方案时就不会造成特别紧张的局面。

具体而言，在拉马丁纳，我们正在检查公司所有的计算机和实体系统，以保证所有部门能够相互对话，并确保数字技术可以帮助实体店产生流量，且不与线上渠道产生竞争。例如，当一位客户在线上寻找一个产品时，他不仅可以获得所有商品的完整信息，还可以访问离他最近的商店。此外，我们还在多方面努力以减少摩擦，使客户体验尽可能流畅。我们已经实现了点击提货服务（在线订购，然后到商店提货），满足消费者希望延迟发货的需要。

你认为未来 3～5 年会有什么发展？

我认为回答这个问题的最好方法是问问自己的客户，他们希望我们在未来几年如何发展。我们的工作将是在忠于我们的 DNA 的前提下不时地改变外在，来适应甚至超越客户预期。终有一天我们会看到，无法带来真正价值的所有活动会逐步实现自动化。我相信将来在支付方式方面会发生这种变化，这与你在本书中多次强调的内容是一致的。商店的工作人员将更加注重与顾客的社交活动，试图了解他们的需求并确保他们了解品牌的价值。同时也为其提供量身定制的独特体验。如我所料，另一个将发生巨大变化的领域是房地产市场，它将会从根本上重新回归平衡。最后，我相信商店橱窗将成为一种沟通和销售工具，这要归功于触摸技术的普及，无论商店的营业时间怎么安排，触摸屏都能让客户与其互动。

对我们来说，重点在于要有勇气去挑战、去尝试、去质疑、去考验自己，就像你在"勇敢化"原则中所写的那样。你无须担心犯错，但可以把持续地在测试中学习当作基础。我们不能寄希望于世界上存在着某种理想的解决办法。我们需要尽力做出合理的选择，但最终必须进行尝试，因为"完成比完美更好"。

李维斯（LEVI STRAUSS & CO.）

露西娅·马尔库佐（Lucia Marcuzzo）
中欧地区副总裁

所属行业：服装　　　　　　　2017 年营业额：40 亿欧元
销售点：3 000 家单品牌店　　levi.com

零售 4.0 时代对你来说意味着什么？

在我看来，零售 4.0 时代首先意味着消费者拥有更高的期望和更多的意识，同时也意味着从产品经济向体验经济的过渡。

如今，很明显，人们对我们的期望很高，并且这种期望还在不断增长，这要归功于一些一流的数字企业。客户越来越觉得零售商为他们提供一系列有特色的个性化服务是令人满意的购物体验中必不可少的因素。这给传统零售商带来了压力，他们必须适应这种情况，并花费大量成本来重新调整其业务并设计出有趣的、令人兴奋的且在某种程度上独一无二的购物体验。

另外，说到意识，随着移动设备的日益普及，人们不得不质疑数字化现象。正如你所指出的那样，智能手机使消费者可以充分了解商品信息并关注他所在的社交圈的观点以及与该商品有关的陌生人的评价。电子商务打破了空间和时间的障碍，确保了贸易的交叉性、指数性和社会性。因此，实物分销必须具备与过去不同的价值，企业在保持其中心地位的同时也要反思：企业如果只从事纯粹的交易活动，那么注定会失败，因为交易活动在网上通常更容易、更方便进行。

与此同时，在服装行业，快时尚的发展降低了许多产品类别的价格，甚至比消费者愿意接受的价格还低。再加上商店的客流量减少以及时尚和潮流的过时，导致了大幅的促销和折扣，从而降低了企业利润。这些都要求我们认真思考我们未来的发展趋势，因为整个行业都有廉价商品化的风险。

我认为，最后一个方面与产品研发阶段有关，这一阶段越来越多地在网上进行，而不是在店里，这也导致了实体店客流量的减少。

李维斯公司会如何应对这种情况呢？

李维斯公司在产品研发和品牌体验方面投入了大量资源，以使品牌重新回到与粉丝群体建立情感关系的中心，并摆脱我之前提到的廉价商品化过程。就牛仔裤而言，我们在工艺创新方面已经取得了相当大的进展。我们在旧金山成立了尤里卡实验室（Eureka Lab），这是一个设计、研究产品的开发中心，旨在设计最新的版式，使用最新的面料和生产工艺。在这个地方，创造力只受工作人员的想象力的限制。面向未来行动（Future-Led Execution，FLX）项目就是在该中心诞生的，这个项目将很快成为李维斯公司在全球范围内的运营模式。

尤里卡实验室的一个具体案例是牛仔裤洗旧过程的数字化和自动化。这项创新的最初目标是大幅度减少生产对环境的影响，减少洗涤过程中使用的化学物质。如今，完成一条复古风牛仔裤大约需要 20 分钟，它本质上是一种使用不同化学物质的手工活动。

这个项目基于对一系列现有版式照片的扫描以及一台连接到激光设备的计算机，工人们通过计算机控制激光设备以便将设计方案复制在"底版裤"上。这一切都可以在不到 2 分钟的时间内完成，且效果非常好。这是一场真正的革命，将对我们的整个供应链产生影响：我们无须设计 45 种全尺码的最终精加工版式，只需要设计四五种中性底版，再按需实时进行最终精加工即可。得益于这项创新，我们能够应用你在"指数化"原则中描述的精益生产原则，并创建了可以长久使用的流程。该流程的进一步改进是在商店中提供个性化设置，并通过远程操作实现类似于 3D 打印的服务。

在消费者体验方面，我们在欧洲的 120 多家商店中设立了裁缝店，提供独一无二的个性化产品服务。光临本店的顾客会在店员的帮助下找到适合他们的牛仔裤，并将其改造成完美而独特的服装。

与品牌爱好者的经验和情感相联系这一主题非常重要，所以我们设计了一个区别于传统方式的忠诚度计划，通过应用程序来彰显我们的品牌理念。

该应用程序旨在鼓励用户尽可能去体验，并发现社区其他成员（特别是餐厅、购物场所、运动场所内的人员）所表达出的兴趣点。用户可以因此而获得积分，并通过游戏化（gamification）过程，获得独家体验和个性化服务及折扣。借助此应用程序，我们能够将品牌与受众感受强烈和情绪积极的时刻联系起来，并建立一种情感纽带。我们希望这种情感纽带能为消费者带来长期价值，进而创造能够持久存在的纽带。

最后，李维斯公司的另一个核心主题无疑是可持续性。正如你在"人性化"原则中所说的那样，公司的工作必须通过保持环境的可持续性和遵循法律政策（社会责任）来实现合法化。因此，我们已实施多项举措。举个例子，我们的许多商店都建立了旧牛仔裤回收中心，这些原本会变成废品的裤子经过处理，最终会捐赠给难民等有需要的人。解决生产性浪费问题也至关重要。无水化生产是我们的另一个创新，是整个行业都可以使用的节约资源的方法，能大大减少生产过程中所需的水量，避免不必要的浪费。

你认为未来 3～5 年会有什么发展？

我们一定会继续提供优质体验来与观众建立情感上的联系。我们很可能会看到销售网点的集中化，但对产品设计和质量的更大投入会抵消这种情况所带来的负面影响。

总之，我认为我们应该强调品牌价值的重要性。当面临诸如数字化这样的划时代变革时，风险就在于有些品牌会牺牲掉自己的身份去追求业绩。我们的品牌具有深厚的历史底蕴，因此，必须花些时间来一点点地改变，以保证其根源稳固。让我欣慰的是，李维斯一直是一家具有开拓性的公司。之所以创立一家生产牛仔裤的公司，是因为李维·斯特劳斯先生意识到早些年的西方人需要结实的裤子。从此，他就被视为不被动接受现状的人的象征。如果我们拥有先人们的 DNA，我们就有责任对品牌进行创新，并因此赢得当今和未来的创新者以及开拓者的赞赏。

无论过去还是未来，我们都会勇敢地面对变化。

玛莎百货（MARKS & SPENCER）

西蒙·弗里贝里·安德森（Simon Friberg Andersen）
国际数字业务总监

所属行业：零售　　　　2017 年营业额：119 亿欧元
销售点：1 463 家　　　markandspencer.com

零售 4.0 时代对你来说意味着什么？

我认为，零售 4.0 时代最明显的表现之一是线上企业对实体竞争对手施加的压力（例如社交广告、移动商务、最近的送货选择等）。这就需要对运营模式进行彻底的改变，以使其在价格和客户体验方面更具竞争力。对于后者来说，现在的竞争有了非常高的标准，因为我们的客户比过去有更高的期望，特别是在导购和售后服务方面。从所有研究中可以看出，人们仍然十分青睐实体店购物，事实上，现在绝大多数交易还都是在实体店内发生的。然而很明显，随着人们对数字购物和个性化内容越来越熟悉，人们对实体店提供个性化服务的期望也将提高。与过去相比，人们对这些问题表现出了更大的关注。他们可以授权公司使用其个人数据，但前提是公司一方面能证明它们遵守了隐私规则，另一方面能为该数据提供有形的附加值。

在我看来，零售 4.0 时代还意味着"勇敢化"原则中强调的内容：在一个生态系统中，数字化在其中扮演着越来越重要的角色，零售商被要求进行改革，并颠覆之前的管理模式。他们必须寻求新的机会，还必须为数字客户的需求设计新的解决方案，并开发出敏捷灵活的形式，从而指导员工对其业务采取具体而果断的行动。

玛莎百货会如何应对这种情况呢？

玛莎百货一直"痴迷"于依靠所有触点来完善客户体验。随着触点的增加，除了开发能与店内客户通过手机进行对话的应用程序以及具有创新性的交付方式的应用程序，我们正努力确保能够在真正意义上以我们的标准来提供服务。

"策展化"和"个性化"是我们非常重视的原则。玛莎百货以 SPARKS 命名的忠诚度计划可以利用消费者的所有可用数据，为其提供最独特的个性化体验，包括量身定制产品、精选礼物以及其他各种安排，旨在简化消费者的生活和购物体验。

为了整合提供给客户的个性化建议，玛莎百货开发了一种在线个人造型师功能。由专业的造型师通过专业的算法帮助客户选择最适合其风格和偏好的产品。对这一举措的满意度体现在其结果上：更满的和价值更高的购物车，更低的退换率以及最重要的是，更满意的顾客。

在我们的案例中，"无形化"也是一个非常重要的原则。过去，我们已经在某些商店中提供了一段时间的自助扫描技术，但是最近我们通过应用程序开发了"扫描，付款，离开"服务。客户可以使用智能手机直接扫描并购买他们想要的产品。这使客户体验更快捷，并大大减少了高峰时段的典型不便（例如结账时等待时间太长）。这项服务在我们伦敦门店的午休时段展现出了相当大的优势。

由于我们的客户越来越追求舒适性，因此对我们来说，遵循你在"无边界化"原则中提出的建议至关重要，这就是为什么我们提供的解决方案旨在使实体店尽可能少受自身空间的限制并弥补传统服务方式的不足。针对这一点的一个建议就是店内提货。这是一项人们可以在线选择产品，并在 24 小时后到选定的实体店内提货的服务。如今，超过 60% 的在线订单支持这项服务，顾客可以因此而节省时间，而不必受预定交货时间的约束。

"指数化"对我们来说也是一个有趣的原则。印度是玛莎百货除英国以外最大的市场之一，通过与 Myntra[①] 和其他第三方市场的合作，我们的产品已可以在该地区进行线上销售。这使我们能够接触到那些生活在我们尚未开设实体店的城市的消费者。

你认为未来 3～5 年会有什么发展？

在我们展望未来时，"勇敢化"是一个关键词。具有悠久传统的企业以及小型零售商都必须重视这一原则，不要害怕改变和尝试。

尤其是在今天，技术的发展使企业能够以合理的成本在合理

---

① 印度一家网上购物商。

的时间内完成任务。因而企业必然需要一种愿意做出改变的文化氛围，并且企业要对目前正在做什么提出质疑。对于我们这样一家成立于 1884 年的企业来说，接受这种挑战当然并非易事。在现任总经理的领导下，玛莎百货正朝着这个方向进行关键性的转变。实际上，我们正在采取许多举措来更新我们的流程，加快数字化进程并投资于培训。这一切都要归功于微软（Microsoft）、解码（Decoded）和创始人工厂（Founders Factory）等技术领域先进企业的支持。

魔力斯奇那（MOLESKINE）

阿里戈·贝尔尼（Arrigo Berni）
总裁

所属行业：文具和造纸业　　　　2017 年营业额：1.56 亿欧元
销售点数量：80 个直销点和 35 000 个经销点
moleskine.com

零售 4.0 时代对你来说意味着什么？

零售 4.0 时代主要是强调客户体验的中心地位，这是由人们的新需求和电子商务高级经营者进入市场决定的。很明显，如今人们不再满足于与购买产品有关的需求。人们的心态已经完全改变，特别是在经济发达的国家和地区，企业已经极大地满足了客户的基本需求，以及更广泛需求（炫耀）。但企业也有必要为客户提供一系列更复杂的产品和服务。这就是历来以促进消费者购买商品为目标的行业必须开始转型的原因，比如零售行业就属于这一行业。当今的挑战，包括来自纯数字企业的激烈竞争，意味着我们不能再局限于成为优秀的产品选择者和展示者，也必须注重客户体验。

体验式零售自然不是什么新鲜事。但实际上，在许多情况下，这还不是全部的现实。在未来，它将变得越来越重要，因为消费者对什么是高级客户体验的认识会进一步增加。因此，零售业务将从一个科学的、工程化的、可扩展的活动转变为一个不太标准化的活动。这种发展将使零售商难以遵循预先确定的范式或方案，因此在消费者需求与品牌价值主张的交汇处，创造一种特殊且不可复制的体验对零售商来说是至关重要的。

魔力斯奇那公司会如何应对这种情况呢？

为了尝试面对这种新情况，我们采用了你在"勇敢化"原则中阐述的精益逻辑。我们以试错的方式采取了许多举措，以便尽快从对话者反馈的信息中学习，完善创新过程，并在未来提出更有效的概念。比如，我们在米兰、日内瓦机场、汉堡和北京开设了魔力斯奇那咖啡厅（Moleskine Cafè）。在这些与我们的 DNA 和定位紧密相关的空间中，充满了与创造力、文化、探索和消费者个性表达有关的体验。这是我们对当下文学咖啡馆的重新诠释，基于不断试验和学习，思想和知识在其中可以成为一种共同的、触手可及的商品。简言之，魔力斯奇那咖啡厅反映了你在"目的地化"和"人性化"原则中所描述的大部分内容。

另一个非常重要的话题是"无缝化"。我们为自身品牌做出提供无缝化客户体验的选择是意料之中的事，毕竟如今没有其他解决方案能保障满足高标准的客户需求，但正确地运用这一原则也绝非易事。在接下来的两年里，我们的精力将集中在创建充分采用全渠道战略所需的基础架构上。

我们也在努力赢得客户稳固的忠诚度。显然，在直销渠道中追求此目标更加容易，我们有机会与买方互动并收集信息。但魔力斯奇那的直销渠道的建立只有短短 5 年的历史，只占我们产品销售量的一小部分。我们的大部分业务都是由第三方零售商开展的，这就是为什么我们很难控制客户忠诚度。尽管如此，我们的分销模式仍会取得成功，该模式旨在利用品牌和旗舰产品的标志性作用来与公众建立独家关系。我很荣幸地看到，在戴维·萨克斯（David Sax）的著作《模拟的复仇》（*The Revenge of Analog*）中，魔力斯奇那已经被纳入那些代表了一个时代，又在另一个数字化和非物质化产品流行的时代重回巅峰的产品之列，《金融时报》在对该书的评论中也提到了这一点。与我们有关的漫画出现在《纽约客》上也证明了本品牌已被视为全球偶像。这一点和其他事实都使我坚信，我们确实拥有许多品牌爱好者和庞大的粉丝群体，但我们必须参与其中。

你认为未来 3～5 年会有什么发展？

在不久的将来，数字技术对实体零售的影响将会越来越大，从而削弱实体店在份额方面的权重。但是，我坚信网购不会取代传统商店的销售。

毫无疑问，零售商将不得不迎接来自主要电商巨头的挑战，而不仅仅是促进购买交易的完成。例如，亚马逊现在已经将自己打造成为一个虚拟社区，人们可以在客户旅程的最初阶段搜索到有关产品的信息和评价。几年前，这种探索还主要是在大型百货公司或购物街区进行的，而如今却在线上进行，这对实体店以及潜在顾客与店员之间的关系产生了显著影响。因此，我认为实体零售必须适应客户的复杂性和明确的"旅程"要求，并按照"人性化"原则寻求自己独特的角色定位。

　　最后，关于实体店的构造，我认为大量的产品或可用性将不再被视为保持竞争优势的要素。相反，我们将以便利性为目标，把商店改造成为小型展厅，在那里，数字技术将对产品进行深度开发，人性化因素将成为把商店与数字企业区分开来的关键。

蒙达多利零售（MONDADORI RETAIL）

皮耶路易吉·伯纳斯科尼（Pierluigi Bernasconi）
CEO

所属行业：出版业

2017 年营业额：13 亿欧元（蒙达多利出版社）；3 亿欧元（蒙达多利零售）

销售点：600 家（31 家拥有所有权，其余为特许经营）

mondadori.com

零售 4.0 时代对你来说意味着什么？

这首先意味着透明度。互联网使信息访问民主化，所有人在购物时都能具备很强的消费意识。这种信息不对称现象的减少，不可避免地使销售点工作人员失去了决定性地位。

在我们这个行业，书商在很多情况下都被排除在竞争之外，这既有网购方面的原因，也与一部分顾客不需要或不希望在员工协助下进行实体店购物有关。但与此同时，书商仍在为那些有信息需求的顾客服务，他们在传达品牌理念，促进店内人性化体验方面起着决定性作用。此外，如今的顾客会将他们的购物体验置于放大镜下。他们倾向于在社交网络上分享自己的想法，尤其是负面想法。很显然，口碑营销并不是什么新鲜事，但如今，一个人的评论可以被大量潜在顾客实时阅读，就使得情况变得更加微妙。由于获取信息来源的简便性以及会因负面评论而受到大众攻击的可能性，零售商必须持续关注透明度问题，并特别注意在各个触点上为顾客提供的信息的一致性。

实际上，顾客们反映他们在网上看到的信息与在店内发现的不一致，这种情况并不少见。而且，他们对此类问题的容忍度越来越低，这表明近年来人们对数字企业的期望值越来越高。

在"忠诚化"原则中，你深入研究了零售 4.0 时代的另一个关键问题：那些直到几年前都能一直有效地赢得并维持客户忠诚度的策略，在今天明显不管用了。如今，忠诚度源于持续的客户满意度，并与零售商的服务质量以及快速有效地处理每个"问题"的能力有关。对于赢得和维护客户忠诚度来说，后者比任何回购动机都更为关键。

蒙达多利零售会如何应对这种情况呢？

数字化已经深刻地改变了许多读者的消费行为。电子书等格式的书籍以极低的价格售卖，因此人们会大量进行购买，但购买后才会决定到底该读哪本书。因此，与过去相比，我们看到的是我不得不遗憾地称之为"一次性"的消费形态正在泛滥。

毫无疑问，这也就是为什么书商的角色失去了领导地位。但直到最近，人们仍然希望进入书店并与积极热情的店员面对面交谈，因为店员能够根据先前的知识或一些简单的信息来为读者提供购买建议。因此，我认为，我们的任务是设计体验方式，恢复通过与读者互动而带来价值的书店导购的地位，让读者真正有理由去书店。你在"目的地化"原则中已经非常清楚地表达了这个概念：如果销售点不能提供独特的价值主张，那么它就会逐渐消失，因为它无法与产品的深度相匹配以及与数字平台的实用性相抗衡。

为了在这种新状况下开拓出一个重要的空间，书店必须进行自我改造，成为粉丝群体聚集在一起分享共同利益的场所。读者可以线上购买图书，但书店仍然能发挥实体聚集地的作用，以扩展读者的阅读体验。

这种对销售点功能的重新诠释必须将产品组合改编到我称之为"以人为本"的类别中，或者将其与特定的场合或个人联系起来，从而简化选择过程。我们会在各个角落里分别放置给新手妈妈们看的书、给奶奶们看的故事书、周末图书等。我们前进的方向就是你在"人性化"原则中所描述的那样。每年，我们都在书店组织约 2 000 场活动，不管参与者是不是我们的客户，我们都会为热情的人们提供聚会和交流的机会。

另一个我们不能忽视的创新是全渠道战略。我们正致力于建设新一代的全渠道平台，这将使我们能够在不直接与本地数字竞争者对抗的情况下，利用自身资源，即当地书店网络的特定功能来重获竞争力。我们的目标是通过提供线上无法提供的高附加值服务以及与我们的产品相关的独家体验，以一种协调和自动化的方式将销售点与读者的客户旅程结合起来。当书迷们在蒙达多利门店遇到他最喜欢的作家（无论是专业作家还是首次涉足文坛的艺术家）时，他购买的书的价值会远远超出其使用功能。这本书会因扉页题词而成为那一时刻的纪念品，就像人们在音乐会上购买乐队周边的纪念品一样。

你认为未来 3～5 年会有什么发展?

就我们这个行业而言,我认为过去几年急于放弃图书市场的人是目光短浅的。毫无疑问,反思和改革是必不可少的,但对于历史悠久的企业而言这并不是什么新鲜事:我们必须为在不久的将来进行的许多创新做好准备,特别是在某些技术成本可能会降低的情况下。

重申你在书中提出的三个原则,我相信成为策展人、设计个性化方案并鼓起勇气将是零售商需要具备的三个基本条件。我来详细解释一下。

书店必须认真遵循"策展化"原则,投资创造产品和服务的组合,一方面建立其产品和服务的独特性,另一方面以流畅的方式刺激交叉销售。这都是从全渠道的角度出发的,数字和实体渠道之间并没有不符合时代要求的区别。

我认为应该坚持的第二个原则是你在"个性化"原则中所描述的内容:我们需要依靠预测分析来提供真正适合个人需求的产品,同时还要避免被认为具有侵略性。

总而言之,当我们展望未来时是离不开勇气的。在最后的"勇敢化"原则中,你已经充分地表达了这种态度,这在当下是必不可少的。如果企业没有表现出质疑态度以及更新其价值主张的能力,而是停留在当前的竞争标准之下,那么就有可能走向生命周期的衰落。

纳图兹（NATUZZI）

纳扎里奥·波齐（Nazzario Pozzi）
纳图兹分部总监

所属行业：家具　　　　　　　2017 年营业额：4.5 亿欧元
销售点：全球 63 家直营店　　natuzzi.com

零售 4.0 时代对你来说意味着什么？

在过去的两三年中，零售行业发生了翻天覆地的指数性变化。

首先，我想到的是公司如何制定管理战略来应对他们的客户。过去的那些行动会遵循一定的发展规律，其结果是可以预见的。但如今发生了一场真正的革命，导致了公司需要在坚持了多年的商业运作模式中整合营销策略。如今，一位高级管理者必须采取与四五年前完全不同的管理战略，而这显然需要具备不同的能力、不同的思维方式，在某些情况下，还需要不同的管理手段。因此我认为，要掌握零售 4.0 时代这个概念，首先必须考虑当今营销人员所应具备的技术能力。如果我们回到过去，我们的工作在客观上就不那么复杂了，一家公司需要面对的受众也会相对容易地显现出来。

然而在今天，市场细分是一项非常复杂的业务，需要在微型利基市场，即流动性、敏捷性、难以分类的消费者群体以及难以预测的选择之间展开竞争。此外，一旦定义了集群，另一个重要问题就会出现：在何处以及何时以何种方式接触公众。触点的增加为我们提供了许多与其交互的可能性。在这样一个分散和复杂的背景下，企业会存在稀释品牌身份和形象的风险。在选择泛滥、地方贸易大行其道和全球竞争的世界里，竞争优势的唯一来源恰恰是其独特的价值主张。因此，品牌管理者的责任是必须在维护品牌独特性以及技术和数字创新带来的与"新型"消费者互动的机会之间取得平衡。

近年来，市场营销已成为企业的头等大事，这一变化也对零售业产生了重大影响。家具行业也同许多其他行业一样，创意总监的选择总是决定着一个品牌的成败。在数字时代，市场营销同样重要，如今它比以往任何时候都更能决定一个企业的兴衰。但问题在于，企业领导者往往没有机会培养扎实的数字技能，在新情况下，他们发现很难管理企业，也很难选拔出创意总监和营销总监。

纳图兹公司会如何应对这种情况呢？

益普索（IPSOS）公司 2016 年进行的一项研究显示，我们已进入全球最著名的家具品牌之列。这当然是一项伟大的成就，但我们不能坐享其成。我认为，对于像我们这样的品牌，至关重要的是要继续利用新奇的创意方法来重新定义品类的界限，并从各种建议中获得灵感，始终将目光投向技术创新和数字化。

我们非常重视零售 4.0 时代的机会及其带来的管理的复杂性，

我们将投资集中在核心业务上，按定制模式来诠释数字化转型。我们正在斥巨资定制用户体验。除了设计理念之外，我们的价值主张的独特性恰恰在于能够有机会为每一位客户提供构建和选择最适合自己家居空间和风格的产品配置。在实体店体验方面，我们发布了一款 3D 高清配置软件，可以让我们在全球所有门店内的员工与客户一起配置产品，使产品组合的深度远远超出实体空间的限制，并同时让客户能够体验（视觉和情感）我们所有的材料和款式。

这种创新与人才培养是息息相关的，这样一来，公司将不是因为行业入侵或技能重复而被迫创新，而是依靠技术来为自己赋能。

你认为未来 3～5 年会有什么发展？

总的来说，因为我们将不得不生活在高度的不确定性中，所以我们必须从持续的测试中学习，培养管理不稳定因素的能力以及保持不断尝试的勇气。

此外，我相信，我们将越来越多地看到零售策略颠覆了现有的销售逻辑。零售最初是一种专注于创收的分销模式，并在各个行业和市场中以不同的速度和复杂程度逐渐演变为客户获得模式，然后发展为旨在使每个客户的终身价值最大化的客户参与模式。正如"无缝化"原则所强调的那样，下一步它将过渡到直接面向消费者的商业模式，该模式依靠多个数字和实体触点的策略将人们整合在一起，在任何情况下，门店都是其管理结构中至关重要的焦点。然而，零售商将不再以拥有大型门店来显示其销售规模，反倒是建立一个集成的商业模式变得至关重要。在该模式中，消费者与品牌价值主张的互动能够通过多种非常清晰和复杂的杠杆来创造价值。

无论是在渠道的入口还是在重新定位的关键阶段，企业接触客户的机会都将呈指数级增长。我特别提一下重新定位，正如"个性化"原则所强调的那样，得益于数据带来的个性化信息，我们有机会将传统的广撒网营销策略（尽可能广泛地传播信息并祈祷有人收到）转变为极其重要的信息模式。

我们不知道未来的门店会是什么样子，但我们知道，门店的核心是让顾客在与品牌和产品互动的每一刻都惊叹不已。顾客访问门店的时间不能被无用的、低效的、多余的或者匿名的和普通的体验所浪费。只有始终以超越每个消费者（被理解为具有独特特征的个体）的期望为目标，整个零售平台才有存在的理由。

萨菲洛集团（SAFILO GROUP）

安杰洛·特罗基亚（Angelo Trocchia）
CEO

所属行业：眼镜　　　　2017 年营业额：10 亿欧元
销售点：10 万家　　　　safilogroup.com

零售 4.0 时代对你来说意味着什么？

我相信，公司近年来的一个重大转变就是将注意力从生产阶段转移到了销售阶段。直到几年前，大公司才有可能把大部分精力投入到生产优质产品上，然后进行分销和推广。然而现在，消费者往往把产品的质量和实用性作为先决条件，这使得电子商务的兴起以及送货方式的改变和售后服务的完善变得更加复杂，因为真正起作用的是产品的营销方式。在这方面，营销策略也必须朝着让企业或品牌与客户之间关系的逐步个性化发展。

第二个特别重要的因素是提高客户体验方面的期望值。采购行为以一种之前人们无法想象的方式在发展，品牌只能被动适应。例如在我们这个行业，我们必须处理那些尚不能称之为矛盾的行为：人们希望自己与众不同，但却都戴着时髦的眼镜。仔细想一想，我们要处理的其实是两个本质上并不兼容的要求，要想使产品变得很酷，就需要一定的扩散性，因此也就需要一定的标准化，这给公司带来了巨大的压力。公司应对它的唯一方法是对客户旅程进行仔细分析，并特别关注那些不仅持续存在，而且在某些情况下正在产生联系的文化差异。如果公司低估了这些动态，就会出现客户拒绝购买产品的风险，因为他们会认为这是一种标准的、无差别的、无关紧要的、与其所处文化背景不符的产品。因此，国际品牌面临的挑战是创造出具有丰富意义的、能在不同地区受到重视的产品。

萨菲洛集团会如何应对这种情况呢？

眼镜的地位经历了巨大的变化，从被人们视为一种功能性物品，甚至一种医疗器械，发展成为有风格、有设计感的时尚配饰，人们通过它表达个性。我们还认为，眼镜通常是通向奢侈品世界的敲门砖，它包含着工艺、技术、复杂性和对高级细节的关注等元素。试想一下，制造一副眼镜可能需要200个生产工序，以及需要我们的专家组装30～100个不同的配件。如今，消费者越来越受到利基品牌的吸引，这些利基品牌能够放大产品和购买体验的排他性，尤其是当这些体验适合在社交网络上共享时，比如购买定制化或个性化产品。

在这样一个高标准的市场中，我们进行有效回应的唯一方法就是朝着"开放"的商业理念前进，就像你在"指数化"原则中强调的那样。过去，从研发、生产和营销以及确定营销和销售战略方面来看，像我们这样的公司都被视为一个自给自足的生态系统。但如今，我们必须注意，我们需要成为内部和外部市场的协调者，并必须根据各种经济因素不时地进行调节。这意味着我们的心态将发生重大变化，要我们接受市场环境比内部干预更能影响价值链关键阶段这一想法当然不容易，这就是为什么我们要在培训和招聘上进行投资。

我们在分析客户方面进行了投资。在这里，我们也看到了一种悖论：人们越来越注重保护自己的隐私，但又希望公司了解他们，知道如何为他们提供个性化的体验、产品和服务。因此，我们正在使用商业智能工具，它既能帮助我们优化销售活动，也能充分考虑客户的私密性。我们的目标是从反馈（feedback）转向前馈（feedforward），采用一种"绩效"方法，将效率低下的问题最小化，并将成功的想法最大化。

你认为未来 3～5 年会有什么发展？

我相信一些最明显的发展与你在"勇敢化"原则中所讨论的内容有关。我们将不得不接受动态的组织模式，许多反馈将只会在这个模式的执行过程中出现。数字时代的速度要求我们大大缩短研究—原型设计—测试—推出—生产—分销的周期。只有这样，我们才能赢得人们的信任，才能证明我们会倾听他们的意见，并根据他们的需要提供个性化服务，又不侵犯其隐私。

我认为另一个至关重要的挑战是你在"无缝化"原则中总结的内容。以一致的方式管理品牌和人员之间的众多触点，同时还要考虑到不同媒体在不同市场中影响力的差异。这是一项艰巨的任务，因为在公司中，我们通常没有掌握这些动态所需的全部专业知识和管理工具。而且即使我们借助外部力量，通过促进业务合作或进行新的对接来改变现状也并非易事。这就是为什么我认为这是一个关键性的挑战：一方面要注意特定的需求；另一方面有必要对设备和技能进行逐步且彻底的更新。这一切都要以数字世界的发展速度进行。

SEA 米兰机场（SEA AEROPORTI DI MILANO）

[利纳特（Linate）机场和马尔彭萨（Malpensa）机场]
彼得罗·莫迪亚诺（Pietro Modiano）
总裁

所属行业：运输和服务　　　　　2017 年营业额：7 亿欧元
销售点：195 家（购物门店）　　　seamilano.eu/it

零售 4.0 时代对你来说意味着什么？

我们的零售模式的目标是使乘客在安检和登机的过程中尽可能愉悦，以及使乘客有机会在旅行前购买所需的一切。这就必然需要我们提供"功能性"的产品和服务，但就我们而言，这首先意味着要提供具备意大利顶级甚至国际卓越水平的产品。每年（在两个机场之间）为超过 3 000 万旅客提供这种高品质服务的唯一方法是将公众的需求与机场空间的典型特征完美地结合起来。

我们只要能合理使用技术创新并为人们带来显著利益，就一定会在零售 4.0 时代中，尤其是在实体世界和数字世界的融合中把握大好机会。从这个角度来看，我们完全接受"无形化"原则所表达的概念：为了被人们所接受，技术必须掩盖其复杂性，直到实际上变为无形。许多来到机场的人对普通旅客所要经历的"正常"程序不是很熟悉。我们必须高度重视这一细分市场，减少障碍，并开发简单的流程。我们必须尽量减少焦虑。正如你在"无缝化"原则中所说的，人们需要没有摩擦的，减少不必要等待（长时间排队）的流畅生活体验，同时也需要最大限度的清晰度和透明度。在这方面，就必须考虑到我们这个行业所面临的一个典型障碍。在大多数情况下，当商业区需要整修或翻新时，机场是不能关闭的。从服务的角度来看，连续性的解决方案非常重要，这显然意味着相当大的后勤保障力和组织复杂性。但我们要感谢我们的客户，尤其是在客户体验的期望值如此之高的今天。

SEA 米兰机场集团会如何应对这种情况呢?

我认为，我们应该把重点放在乘客身上。我喜欢从更广泛的角度来思考"策展化"原则。我把它理解为照顾他人，当然也包括为他们提供服务。这是我们应有的态度。其他优秀的机场也都朝着这个方向发展，也反映出这是一个高度战略性的选择。在利纳特机场和马尔彭萨机场，一旦我们发现等待的乘客队伍很长，我们就会立即启动客户服务，派我们的同事来确保人们不会错过航班。

更广泛地说，我们正在致力于建立一个强大和独特的形象，特别是马尔彭萨机场，这是国际客户经常光顾的地方。我们希望那些途经我们机场的人能拥有一段愉快、充实和宝贵的经历。从这个角度来看，数字技术无疑可以发挥关键作用。在马尔彭萨机场，我们与意大利海关共同开发了一套简化版的退税制度。在此之前，乘客必须先去海关处盖章，然后再去柜台申请办理最终退款，然而在今天，这个过程被简化甚至被颠覆了。所有零售商都必须连接国税局和海关网上系统，以便当客户到达机场时，系统内已经存储了其所有的购买数据。在我看来，这是一个很好的案例，说明有意识地使用数字技术能给每个人带来切实的好处。

对我们来说，另一个非常重要的方面是处理与客户之间的沟通，这就意味着提高社交媒体的效率、准确性和专业性。但是对我们而言，社交不仅仅意味着这一点，正如你在"人性化"原则中所建议的那样，它还与我们经营者所在的社会环境相关。例如我们与斯卡拉剧院（Teatro alla Scala）合作，我们在马尔彭萨机场内设立了一个戏剧空间，在那里上演了一天葛塔诺·多尼采蒂（Gaetano Donizetti）的代表作《爱情灵药》（Elisir D'Amore）。该活动由数个国家电视台进行了现场直播，也是我们保护艺术和文化战略的先锋活动。我要举的另一个例子是米兰利纳特机场夜跑（Milan Linate Night Run）活动，这是一场沿飞机跑道进行的 10 公里夜跑比赛。我们认为，这些独特的活动有助于加强公民、机构和像我们这样在当地提供重要服务的企业之间的关系。

你认为未来 3～5 年会有什么发展？

对于今天至关重要的以及对于未来不可或缺的是品牌、产品、培训三大要素的完美结合。我们的目标是借助技术——即使是在机场也能创建一个特别的地方，让消费者愿意花时间享受令人满意的体验。

最后，关于个性化，我们可以将自己定义为一个天然的市场。除了机场内的商店可以出售商品外，我们不直接出售任何东西。因此，我们希望自己成为进驻我们空间的商家的一个平台或门户。为此，我们会对技术，当然还有合格的人才进行投资。我们的想法是通过数字媒体了解消费者的问题、态度和行为，然后允许进驻机场的品牌提供个性化产品和服务并与其客户进行沟通。

资生堂集团（SHISEIDO GROUP）

阿尔贝托·诺亚（Alberto Noè）
欧洲、中东和非洲地区商务副总监

所属行业：化妆品和美容产品　　　2017 年营业额：80 亿欧元
销售点：18 000 家　　　　　　　shiseidogroup.com

零售 4.0 时代对你来说意味着什么？

直到几年前，在我们这个行业，消费者还对他们通过博客和网上社区了解到的产品表现出极大的兴趣。许多人争先恐后地将这些平台定义为化妆品营销和传播的未来。

但事实恰恰相反：用户很快就意识到，在线获得的建议和推荐在实际应用时并不一定有效。原因在于每个人的皮肤都因为众多环境因素（从空气污染到压力）和经济因素的相互作用而具备各自的特性。所以，我们所有产品和服务的开发都是在对人们的特殊需求给予精准关注的基础上发展起来的。实际上，我完全同意你在"个性化"原则中所叙述的内容：定制化是我们的最低要求，而个性化才是真正的目标。

人们要求我们提供快速的、几乎即时的答案，他们不再对"如何使用"感兴趣，而是对"对我来说如何"感兴趣，因此与面部识别和大数据相关的技术变得越来越流行。所以，为了实现零售 4.0 时代的发展目标，我们需要为客户提供中肯的、重要的、基于科学的和实时的反馈。很显然，这并非易事。

资生堂集团会如何应对这种情况呢？

我们在日本的研发中心面向公众开放，这是一个有趣的举措，旨在以建设性的方式解释你在"人性化"原则中所描述的内容。这个想法一方面是要展示其内部活动的公开性和透明性，另一方面这对目标群体来说非常重要。我们不希望人们觉得我们的实验室正在开发"秘密药水"。我们认为重要的是创造一个开放性的场所，通过与客户进行良性交流来倾听人们的需求，并与他们分享我们的主要项目。

我们所面临的另一个变化是电子商务，2017 年，我们这个行业的电子商务成交额增长了 35%，而实体业务普遍（非亏损情况下）停滞不前，我们也因此做出了一些战略性选择。我们的选择是：一方面，将投资重点放在销售点的建设上；另一方面，加强与互联网主要零售平台的合作关系。与你在"目的地化"原则中所述一致的是，本质上，我们希望更加努力地与实体销售点内的人员建立价值关系，同时使用数字渠道来营销我们的产品。但在后一种情况下，我们认为不应该优先考虑对开发专有平台进行大量投资。

你在"忠诚化"原则中强调的另一个非常重要的方面是客户忠诚度。我同意你的看法，在今天这是一个双向的问题。例如，为了与意大利的顶级客户建立深厚而稳定的关系，我们每年在米兰的文艺复兴百货设立一个有六间小屋的空间，并从数千名专业人士中选拔出最优秀的日本美容专家坐镇。其目的是让消费者在专属空间内，与专家一起感受独特的体验，让他们了解品牌的原产地——日本的特殊待遇、仪式和习俗。我们还积极参与开放式创新，并完全依靠自身的能力，我们的客户期望正在以前所未有的速度发展。这就是为什么我们走上了收购创新型初创公司的道路。比如 MATCHCo 是一家加利福尼亚州的初创公司，可以通过扫描顾客的皮肤为其制造出理想的粉底。我们已成功地将该技术与美国第六大彩妆品牌贝茗（bareMinerals）相结合。我们坚信，从客户的角度来看，产品、服务和行业之间的界限越来越模糊。现在，企业中经常谈论的某些"明确的剥离"在我们的话题中比在市场上要更加常见。因此，我们喜欢超越化妆品的边界，展开让人意想不到的合作伙伴关系，目的是让我们的客户感到惊喜，我们会追踪人们的信息，或者时常预测人们的喜好。这种做法是为了在热情的客户人和我们的品牌之间建立一座桥梁。从这个角度来看，我们就必须了解例如杜嘉班纳美妆（Dolce&Gabbana Beauty）、萨迪格 & 伏尔泰香水（Zadig&Voltaire Parfums）和米兰加利亚酒店（Hotel Gallia）SPA 服务等业务的运营，以及提升对资生堂的认识和考量。

你认为未来 3～5 年会有什么发展？

我在前面提到了通过不同触点来传达连贯体验的重要性。好吧，我相信，在未来几年中，我们将像许多其他公司一样，配备技术基础设施，整合我们收集到的数据，并将其转换为重要信息，从而使我们能够为客户提供个性化服务。此外，我相信诸如 Google Home 或 Amazon Echo & Alexa 之类的对话方式，也将在我们的行业中发挥越来越重要的作用。无论在家中还是在商店中，这些助手都将提供考虑到气象因素、雾霾、日程数量等因素的个性化身体护理服务和建议。我们的团队正在朝着这个方向发展。我们正在开发一种基于人工智能的技术。这项技术旨在打造一个真正的美容助理，让人与能生产出完全个性化面霜的设备进行对话。这样的服务将使零售空间重新发挥重要作用，并使其成为"目的地"。

总　论

数字时代的零售商必须追求全渠道策略，并根据人们的需求、愿望和期待重新定义其资源、流程和价值组合。

零售商需要根据对数据的准确分析、对客户旅程的反馈以及对目标角色的仔细研究来检验销售点的作用。

只有这样，零售商才有可能（重新）定义价值主张并设计客户体验，使人们能够在与品牌的各个触点之间无缝移动。

只有这样，**数字技术才能成为创新解决方案的推动者**。

重要的是，这些变化的目的是尽量减少最终用户所需的认知努力。人们必须能够轻松地接受创新性的解决方案，并且这些解决方案必须和谐地融入他们的生活中，且不具有复杂性。

一旦为丰富价值主张拟定了一份可能的创新清单，公司就必须进入检验阶段，这不仅涉及技巧和技术领域，也涉及经济和社会文化领域。换言之，就是有必要问问自己所提出的解决办法在技术上是否可行，在经济上是否可持续以及对人们是否有意义。否则，在一个充满替代品，而时间又变成一种越来越稀缺的资源的世界中，创新有可能无法实现其真正的价值，或者会被市场排斥，或者充其量在经历了最初的好奇阶段之后，被迅速搁置一旁。

（公司）总有必要
问自己所提出的
解决方案在技术上
是否可行
**在经济上是否
可持续以及对人们
是否有意义**

零售时代 4.0：数字时代的十大指导原则

　　此外，在营销和沟通策略方面，零售商还必须密切关注客户旅程的规划。**零售商只有深入了解他们的习惯、他们的媒体偏好以及他们对每个触点的作用，才能制订出一个在适当的时间通过适当的渠道给予他们相关回应的计划。**通过开发与人相关的产品和服务，并以适当的方式利用品牌提供的触点，将有可能与消费者建立新型关系，这种关系的建立得益于不断的对话和个人及其需求占据商业决策中的中心地位。

　　这种方法涉及企业心态的转变，促使企业注意到指数级速度的数字化转型，加速淘汰了近几十年来企业决策所依靠的许多方法。

　　因此，公司有必要在后端和前端对整个组织进行一次查验，从而定义最有效的方法，使新技能与已掌握的技能相结合。在许多情况下，这将促使公司根据开放式创新的标准来进行组织管理，并从创新过程一开始就与外部合作伙伴进行积极合作。这些外部合作伙伴能把新的方法和思想传授给哪怕是最传统的公司，从而帮助其创造一个流畅的动态环境。

　　在这种情况下，公司建设性地接受一定的失败率就变得至关重要。实际上，开放式创新意味着公司可以采用"边做边学"的方式尝试新的解决方案，换言之，就是从与相关公众的对话和数据分析中得出反馈意见，定期质疑价值主张，离开舒适区，进入未知领域。

　　已经提出的许多想法将被搁置在一边，但有些也很可能会刺激人们利用经验来完善未来计划。实现这一目标所需的投资并不是很大。实际上，数字技术的成本能够支持原型设计和检验阶

零售 4.0 时代
战略框架

01
绘制

绘制客户旅程地图，并使用来自特定研究的、与可用数据相结合的或源于第三方的数据来确定最具代表性的角色。

02
定义

分析公司的供给情况，并定义产品和服务在独特组合中的（新的）价值主张。在所有触点都能设计良好的客户体验，并与明确的个人需求、愿望和期待保持一致。

03
评估

在后端和前端对组织进行准确的评估，目的是量化和确认差距，以实现上一阶段定义的目标。

04
设计

制定规划图，明确指出短期、中期和长期目标，需要采取的行动，负责各个阶段的管理人员，评估指标以及预算。

05
测试

采用"敏捷"方法，使企业可以在所有触点上进行原型设计，不断测试和衡量客户体验，并实时进行更正，重复正面反馈。

06
创新

逐步落实具有最大潜力的创新活动，继续监测客户旅程并与受众进行对话，以期持续改进。

零售 4.0 时代战略框架

P. 科特勒，G. 斯蒂利亚诺

段，而无须花费传统工业创新过程所需要的大量能源和资源。

对成功案例的分析表明，为了获得最佳结果，高层管理者的大力参与是必不可少的，以确保正确分配资源、执行商定的规划图、落实管理层的责任，由此带来的各种紧迫感正是公司转型过程中产生的动力。

这里所展示的战略框架，对于所有希望调整其价值主张以适应数字时代的零售商来说都是一个很有用的工具。但需要强调的是，每一家企业都必须找到自己对这个新时代的具体诠释，熟练地将数字和实体元素整合在一起。这两个要素不是相互排斥的，我们了解的这个世界的逻辑将与数字化转型的逻辑融合并被重新定义。正如我们在本书中强调的，数字化就是一切，但并非所有的东西都是数字化的。

通过使用这个框架，企业将能够在绘制阶段确定其"转型"之路是否正确，或者确定其产品在某些方面的"发展"是否更有效。尤其是在不久的将来，企业能够了解到哪些活动需要使用人工智能，而哪些活动需要人来负责，这是因为企业认识到后者将成为越来越重要的资源。

我们的建议是，企业在模型的前三个阶段完成后设计一张规划图，该图允许企业将自己配置为由奥莱理（O'Reilly）和塔什曼（Tushman）定义的"双元性组织"（ambidextrous organization）。这种企业能在管理当前业务的同时寻求替代途径，因此它们随时准备应对未来需求的变化。这样一来，公司的稳定性不会受到威胁，并且能够建设性地应对因风险增加而引起的普遍存在的负面情绪。与此同时，公司准备好在没有发生损失的情况下迎接未来，并通过预测消费者欲望和需要来引导需求。

从这个意义上讲，公司可以采用**由内而外**的模式。例如可以选择建立创新团队或卓越中心，要求员工参与其中并与公司一起成为变革的推动者，或者建立企业内部计划或企业孵化器，二者通常都是旨在激发员工的创业精神，并通过利用第三方机构的资源来降低风险。在其他情况下，公司可以选择更传统的**由外而内**的模式，其中包括与支持公司发展并明确了解公司转型路径的外部咨询公司进行合作。

显然，企业还必须对人才培训进行投资，以确保新的专业人员进入公司，并利用其技能来丰富公司资源。这适用于所有业务职能部门。

无论这个行业有多传统，如果没有机器人和自动化专家，虚拟和增强现实技术，物联网、可穿戴技术和 3D 打印，以及数据科学家、在人工智能和机器学习方面具有特定技能的开发人员、创意技术人员、用户体验专员、用户界面优化人员和服务设计师，那么行业都不可能有发展，更不要说数字化转型了。

根据企业的部门和特点，这些专业人员可能会以不同的身份受聘，但毫无疑问，他们将不得不扮演越来越积极的角色并承担责任，力图与最传统的角色和职能和谐相融。为这种技能融合创造条件就意味着欢迎高度的"跨职能"和"跨媒介"。换句话说，组织必须要**做好准备，使筒仓，即传统组织结构（部门），越来越多地采取互通的形式**，确保信息顺利地流通，以及数据得到整合、分类和共享。只有这样，才能为日益成为数字时代复杂市场的必要运行条件的全渠道策略打下基础。

例如在这个愿景中，IT 部门不能只参与其他部门活动的实施工作，数字化团队的活动也不能只局限于市场营销层面。相反，如果条件允许，公司必须根据各自的能力和责任采取一个支持所谓"异花授粉"（cross-pollination）的敏捷模式，该模式可以不遵循筒仓部门的逻辑，允许任何人在开放和协作的环境中做出自己的贡献。**创新并不只是有追求目标的人的特权。创新与创造力一样，不能仅限于职务范围内。**

非研发部门人员找到优秀的解决方案的例子不胜枚举，而且众所周知，许多公司都会因为没有发挥和增强业务的创造力而失去大好机会。**在数字时代，公司创新主管的职位应由首席执行官担任**，这体现出这一主题在数字转型阶段的重要性。

正如前言中所提到的，我们有幸采访了许多国际顶级管理者，丰富了我们对零售 4.0 时代的思考，同时也与欧洲、中东和非洲市场的消费品和零售行业领袖——尼娜·隆德进行了令人振奋的探讨。**在未来几年里，零售商将不得不关注三个方面：**第一个方面涉及个体企业，第二个方面与竞争环境有关，第三个方面需要考虑我们所处的更广阔的全球环境。

1. 在未来几年中，公司必须进行投资以求完全实现全渠道策略。在"无缝化"和"个性化"原则中，我们重点介绍了数据分析对建立个性化品牌以及客户体验的重要性，而客户体验是人们最为看重的，也让零售商更有利可图。我们可以将电子商务的价值归功于其激发了零售商对这些技术潜力的关注。是时候在实体空间中应用新技术了，这些技术能让我们把收集到的数据，包括在网上获取的数据一同进行处理，从而帮助我们提供具有更高附加值的产品和服务。在某些情况下，这需要安装传感器来监测商店内的流量，并通过智能手机单独联系客户；在其他情况下，物联网会起作用，它将转化成智能货架或动态价格，并将根据买方需求的变化进行调整。另外，一些企业将探索"可穿戴"技术的潜力，为员工配备合适的工具，以帮助他们为客户提供更好的服务。但这不是重点，我们坚信，技术创新只是达到目的的一种手段，追求全渠道的前提是要改变组织者的心态，因此必须进行资源、流程和价值的重组。而且我们认为，零售商的首要任务有两个：**了解实体店在顾客的客户旅程中的新角色，以及设计真正的全渠道客户体验。**

　　2.零售商必须创建并共享他们的API（application programming interfaces，应用程序编程接口，即在计算机科学中促进软件间交互的规则和程序）。在"无缝化""指数化"和"无边界化"原则中，我们强调企业需要把自己放在生态系统的核心，该生态系统能够超越实体店的实际限制，与第三方提供的产品和服务无缝集成，从而创造一个能带来增值的价值主张。共享API，就像允许其他开发人员使用自己的代码来创建辅助产品和服务的软件一样，这意味着开发人员要意识到，自己的价值建议将不再是在上游定义然后传达给公众，而是由业务伙伴传达给客户，甚至在某些情况下他们要与竞争对手等其他利益相关者共享设计成果。随后，竞争环境就呈现出了与过去截然不同的特征，创新过程也因新活力的注入而丰富起来。对于零售企业来说，开放API意味着与商业合作伙伴进行协作，同时也是在准备与公共行政部门进行更好的合作，以发展对自己的业务能产生积极影响的公共事业服务。创建和共享 API 最终意味着为数字时代的繁荣创造条件，使组织更具灵活性，从而更愿意接受改革。另外，加强保护和发展品牌形象和 DNA 也很重要，我们相信这在未来几年将更加具有决定性意义。

3. 在"人性化"和"忠诚化"原则中，我们思考了企业满足日益增长的透明度需求的必要性。消费者的强大权利将使他们越来越能决定公司的优先事项。几年前，乐高公司在收到来自一个 7 岁女孩的"病毒信件"后，做出了在最重要的岗位上增加女性角色的决定，引起了轰动。这个女孩抱怨说，女性角色只代表家庭主妇，或者想要购物，或者在海滩上放松的妇女。消费者已经认识到他们可以行使的权利，在未来的几年里，他们还将要求企业表明它们能够把对社会和环境的关注放在追求利润之前。人们越来越清楚地意识到可持续行为的必要性，并且越来越关注所购买的商品，并且会抵制那些背叛他们的信任的品牌。在这样一个互联的世界里，这显然会造成相当大的经济损失。在这方面，人们也需要果断地改变观点，因为**股东的利益正被利益相关者的要求所影响。**

企业只想抵消对社会和环境的特定影响已经远远不够了。相反，企业的社会责任将越来越多地与采取可持续的行为以及它在关于社会和环境重要性的问题上的立场联系起来。简言之，企业只满足人们的需求和愿望是不够的，它们要对自己的工作负责，并不断受到来自越来越有见识和以对组织的管理产生影响为傲的公众的监督。

　　从与尼娜·隆德的探讨以及对高层管理者的采访中可以看出，从广义上讲，展望未来最重要的原则是"勇敢化"。对于一些企业来说，这需要重新组合其价值主张，以适应数字化消费者的偏好；而对于另一些企业来说，则需要对价值链进行彻底修改。**重要的是，那些业绩突出的公司也要勇于反思，并不断从与目标受众的对话中获得启发。数字时代的复杂性和动荡与完全被动的观望态度并不相容。**

　　因此，我们的最终建议是，以企业精神和每家公司发展初期所特有的试验方法来面对新时代，重点在于当企业面对客户不断产生而且是合情合理的不满情绪时能提供真正的附加值。必须以对技术的世俗态度来探索未来的机遇，在保持谦虚的同时也要有雄心；必须有勇气去接受不稳定因素，去探索各种可能性，去学习大量综合理论和技术，并培养能够开拓数字化转型视野的一种健康的好奇心。**因此，如果将这个结论性的想法综合成在未来几年里指导零售商的第十一条原则，我们会将其定义为"猎奇化"。**

11 STARTUP ITALIANE CHE GUIDERANNO L'INNOVAZIONE NEL RETAIL

推动零售业创新的
11 家意大利初创公司

BeMyEye
Checkout Technologies
Cikala
Cortilia
DIS
Else Corp
ReStore
Sixth Continent
Supermercato24
Viume
Xtribe

在本节中，我们集合了 11 家在零售行业提供创新产品和服务的意大利初创公司。这次筛选是由意大利创业团队来做的，筛选标准如下：

1. 公司于 2013 年后成立；

2. 已完成至少一轮融资或达到了 50 万欧元的营业额；

3. 总部位于意大利或团队中至少有一名意大利的联合创始人。

BeMyEye

BeMyEye 是移动众包平台的领先应用程序。其业务是通过从零售店和街道上收集图像和数据，为商业客户提供最广泛和最有效的解决方案。这些图像由超过 100 万双"眼睛"收集得来。客户为收集信息而付费，比如超市里开展的促销活动、产品在所有渠道的实际分销情况、展示品牌的窗口设置以及广告的定期投放。

BeMyEye 在 4 个主要的欧洲风投基金的支持下，于 21 个国家进行调查，并通过其在米兰、伦敦、巴黎、马德里和法兰克福的办事处开展业务。

创始人：詹卢卡·彼得雷利（Gianluca Petrelli）、卢卡·帕加诺（Luca Pagano）

www.bemyeye.com

Checkout Technologies

Checkout Technologies 是一家旨在创建具有全自动结账功能的超市的公司。借助计算机视觉类的技术，它们可以根据客户在超市中的行动，对他们进行识别以及跟踪。

客户从货架上取下的商品会自动添加到其购物清单中，只要客户跨过收银台门槛，就能收到以电子邮件形式发送的付款收据。这家初创公司的技术还能交叉利用数据和信息，以便实时更新仓库和商品信息，从而减少浪费并增加利润。

创始人：恩里科·潘迪亚尼（Enrico Pandiani）、叶戈尔·列夫科夫斯基（Jegor Levkovski）

www.checkoutfree.it

Cikala

Cikala 是一项邻近营销服务，可以让小型零售商通过有针对性的供货吸引消费者。该初创公司旨在通过适用于安卓和 iOS 系统的应用程序来提高知名度和增加销量，该应用程序可以向商店附近的客户的手机上发送个性化促销信息。对可能对商店产品感兴趣的顾客的识别是通过地理定位来完成的，而无须使用 GPS。Cikala 平台使用多种不同的技术来定位设备的位置，包括 Wi-Fi。即使在相对封闭的地方，误差也只有几米。

创始人：奥古斯托·卡西洛（Augusto Casillo）、戴维·格雷科（David Greco）、卡尔米内·马泰拉（Carmine Mattera）

http://cikala.it

🚀 Cortilia

Cortilia 是一个线上市场，用户可以通过它来选择最佳的农业和手工业生产者，平台会将新鲜的时令产品直接运送到用户家中，还可以由用户选定的公司以可持续的方式进行加工，尽显短链的所有优势。为了保证这一切顺畅运行，Cortilia 会根据产品的质量和所采用的技术选出最优秀的农业生产者，让他们走到台前并讲述他们的故事，从而激活以前不可能出现的直接关系，即生产者与最终消费者之间的直接关系。

创始人：马尔科·波尔卡罗洛（Marco Porcaro）

www.cortilia.it

🚀 DIS

DIS（Design Italian Shoes）是一个售卖具有独特设计理念的手工鞋的市场。从 100% 意大利本土制造的产品开始，这家初创公司提供了一个能够确保深度定制化的 3D 配置，从而使鞋子能够反映客户的个性和品位。另外，用户选择 DIS 的工匠可以从新的数字渠道和国际销售渠道中受益，而不必担心侵权问题。

创始人：安德烈亚·卡尔皮内蒂（Andrea Carpineti）、弗朗切斯科·卡尔皮内蒂（Francesco Carpineti）、米凯莱·卢科尼（Michele Luconi）

www.designitalianshoes.com

🚀 Else Corp

Else Corp 是一家 B2B 初创企业，它开发了一个拥有先进技术的虚拟零售平台，这要归功于一个可以定制服装的程序。一旦你进入合作伙伴商店，购物者可以试穿产品，用手触摸产品，选择不同型号的衣服，以及定制鞋子。零售商还可以使用诸如足部扫描仪和虚拟试衣等技术为客户提供最适合的服饰，然后进行各类定制，包括材质、设计和颜色。一旦产品被设计出来，订单将发送给合伙制造商，后者将据此制作服装或鞋子。Else Corp 的服务还包括收集订单，以及保证组织生产的 IT 基础设施的整体落实。

创始人：安德烈·戈卢布（Andrey Golub）、安德烈亚·西尔韦斯特里（Andrea Silvestri）

www.else-corp.com

🚀 ReStore

ReStore 是一家专门从事大规模有组织零售的数字服务公司。其业务是借助受众群体分析技术，通过新联系人的获取、绩效指标的分析以及指标的高级跟踪来提高在线广告活动的效果。ReStore 还为零售商和品牌商提供媒体购买、预算优化和详细的分析服务，对结果进行反馈并优化支出。其目标是帮助客户增加转化次数和平均购物车价值。

创始人：芭芭拉·拉巴特（Barbara Labate）

https://restore.shopping/

🚀 Sixth Continent

Sixth Continent 是一个国际性的利润分享平台，在 B2C 市场上以实体和数字格式出售所有类型的礼品卡、代金券、票券、预付卡和优惠券。用户可以通过购物卡或者从世界各地的用户那里获得信用保障。同时，他们可以通过参与简单的活动来赚取积分，例如日常访问、评论，在平台上邀请新朋友。随着信用和积分的累积，用户能以卡面价值 50% 的价格购买喜欢的购物卡。Sixth Continent 也会将 70% 的利润分享给社区，以形成良性循环。

创始人：法布里齐奥·波利蒂（Fabrizio Politi）

www.sexchontental.com

🚀 Supermercato24

Supermercato24 是一家食品订购和配送公司，活跃在意大利 23 个城市和 400 多个市镇。它的优势在于能够在一天，甚至 1 小时内完成小城镇以及省内送货服务。

在过去的两年中，Supermercato24 已与意大利大规模零售的主要经营者签署了超过 15 个合作伙伴关系。如今，其供货种类是市场上最多的（超过 65 000 种），而商品价格与实体店中的相同。

创始人：恩里科·潘迪亚尼（Enrico Pandian）

www.supermercato24.com

Viume

Viume 是一款网络应用系统，通过人工智能助手将人类的专业知识和机器学习相结合，用户可以根据自己的生活区域、个人特点和生活方式找到最适合自己的服饰。客户完成购买后，不到 3 个小时内就能收到装有套装或成品系列（视需要而定）的推荐礼盒，3 天之内进行试穿，最后只为他喜欢的产品买单。

创始人：西尔维娅·巴尔达尼（Silvia Bardani）
https://viume.co

Xtribe

Xtribe 是一个个人地理市场，用户可以在其中买卖产品和服务，并与附近的人进行交易。除了简单的销售之外，该服务还能使双方在交换价值达成一致的情况下进行租赁和易物。

该公司的目标是让用户可以通过面对面交流来克服交流障碍，使他们在不增加额外费用的情况下尽快完成交易。

创始人：恩里科·达尔·蒙特（Enrico Dal Monte）、马蒂亚·西斯蒂古（Mattia Sistigu）、马可·保卢奇（Marco Paolucci）
www.xtribeapp.com

致　谢

　　如果没有那么多人在调研和策划阶段以各种方式为我们做出重要贡献，这本书是不会问世的。

　　在此我们要表示感谢，也同样感谢那些名字未出现在此列中的人们。

　　感谢马可·拉斯帕蒂坚定地信任本项目并为本项目的实现创造条件。

　　感谢马泰奥·梅内盖蒂和安德里亚·潘泽里，他们花费了大量时间研究数据、信息和案例，最重要的是为整个项目提供了宝贵的帮助，他们是立书之本。

　　感谢 AKQA 公司的西蒙·杰斐逊和乔恩·弗雷什沃特给我们分享的《零售的未来》，该文献启发了我们制定这十条原则。

　　感谢达米亚诺·克莱门特在每条原则章节开始时提供的精美插图（意大利版），以及马泰奥·班切利的网站www.retailfourpointzero.com 给予的图形设计和艺术指导。

　　感谢莱昂纳多·布扎沃、费德里科·卡佩奇、法比奥·卡波里兹的见解，并感谢他们联系受访。

　　感谢安德里亚·阿米科、翁贝托·巴索、吉安·安德里亚·比坦蒂、萨尔瓦多·达加蒂、马泰奥·弗兰奇纳和吉安卢卡·马鲁塞拉给予的诸多提示和评价。

　　感谢尼科莱塔·安焦尼协助组织本书的首次采访，并感谢路易吉·巴图埃洛向行业中许多管理者介绍本项目。

　　感谢伊万·马佐莱尼和基亚拉·朗切蒂，他们坚信与微软公司合作的价值并促成了合作。

　　最后，特别感谢吉内芙拉和卡洛，他们以与生俱来的好奇心和非凡的精力促成了这一场冒险。

推荐图书

马可·蒙特马诺（Marco Montemagno）
《蒙特马诺密码》 借助数字技术，成为自己的创业者

鲁迪·班迪埃拉（Rudy Bandiera）
《共享帝国》 用大脑说服自己，说服自己的心并影响自己的状态

释行米（Shi Xing Mi）、吉多·德·卡利（Guido De Carli）
《少林之法》 少林经商之道

阿尔多·阿戈斯蒂内利（Aldo Agostinelli）、
西尔维奥·梅阿扎（Silvio Meazza）
《大众即媒介》 自拍时代的数字商业

萨尔瓦多·阿兰祖拉（Salvatore Aranzulla）
《阿兰祖拉方法》 学习创建网络业务

里卡尔多·斯堪德拉里（Riccardo Scandellari）
《摇滚博客》 成为数字化沟通明星

朱塞佩·加蒂（Giuseppe Gatti）
《房地产革命》 房地产投资者培训指南

伊德·法布里（Lader Fabbri）
《平衡指数》 吃什么、怎么吃、什么时候吃比吃多少更重要